死が消滅する社会

遺品整理業をめぐる死とモノの社会学

藤井亮佑

関西学院大学出版会

序文

近年では、少子高齢化、および人口減少という社会変動を背景に、死に関する社会問題が語られるうえで、孤独死、無縁社会、終活、遺品整理、空き家といった言葉を目にする機会が増えている。そのような現代的な死をめぐる社会現象の動向を捉えるための死の社会学的理論枠組みの検討を、本書は試みる。そして、資本主義社会における現代的事例として、遺品整理業の登場を分析の対象として照らしてみることで、近代化によって、死別や看取りが、いかに変容してきているかを明らかにすることを本書の目的とする。

第一章では、死への社会学的アプローチについて検討する。先行の死の社会学的研究で対象とされてきた問題を整理するとともに、それらを理解し、分析する社会学的理論枠組みとして、死の社会的処理を提唱する。

第二章では、死の社会的処理の論理を展開する。近代経済システムのもとでの死への対処と、死者儀礼を分別するうえで、確認するのは死とモノをめぐる人々の行為の意味についてである。この分析のために、人々が織り成すモノの社会的交換の論理を整理し、モノの交換形式に基づく死の社会的処理の類型として、死のゲマインシャフト化と死のゲゼルシャフト化を提示する。そして、両者の合間に置かれたゲマインシャフト（家族・共同生活）に降りかかることとして、先行研究が取り上げてきた解決しがたい死別の悲しみがあることを指摘する。

第三章では、さらなる近代的変容を追って、近年の死亡統計や、世帯動態を整理しつつ、単身世帯化によって家族と個人の所有物に起きている変容に着目し、現代的死の社会的処理にある前提状況を明らかにしていく。そして、人間だけでなく、所有物に対する死の社会学的問題として、遺品の処理が顕在化していることを論じていく。

第四章では、近年、新たに登場した遺品整理業をめぐる状況を含め、遺品整理業へのインタビューや作業へのフィールドワークに基づいて、遺品整理業のエスノグラフィーを描き出すことを目的とする。そして、遺品整理業の作業事例における依頼者と死者との関係や、遺品が処理される経過の詳細を明らかにする。

第五章は、終章として、それまでの議論を振り返るとともに、遺品整理業への調査から示される死の現代的変容の特徴として、死の個別化を提示する。そして、死の個別化の極限において、死のゲゼルシャフト化のみによって、個人の遺品とともに、死が処理されていくことが何を意味するのかについて論じる。

本書の最後に加えられた補論では、死のゲゼルシャフト化と死の意味を見出そうとする力の拮抗をより詳細に描くことを目的として、現代芸術家クリスチャン・ボルタンスキーの作品を例に、美術館などの公共空間での死の表象の社会的意義を問う。

凡例

一、引用文中の傍点は、すべて引用元に従っている。
一、本書に掲載した写真は、すべて著者が撮影したものである。
一、本書の図表は、出典で示した参考資料をもとに、すべて著者が作成したものである。

目次

図表一覧

第一章　死への社会学的アプローチ

本章は、先行研究が対象としてきた死をめぐる社会現象およびアプローチを整理するとともに、近代化による死の社会学的問題の変容を捉えることから、現代の死の社会学が持つべきアプローチについて検討することを目的とする。

一　無形の死

死の社会学的研究の萌芽的時点では、死の意味、いわば死の無形の部分に関心が向けられていた。

まず、宗教研究のなかで、死や死者の取り扱い方が論じられてきた。たとえば、É・デュルケームは『宗教生活の基本形態』において、社会集団への着目、および社会集団の結合的要因である聖なる事物に着目することから、宗教を論じた（Durkheim 1912＝二〇一四（上）：九五）。同様に、M・ヴェーバーも『プロテスタンティズムの倫理と資本主義の精神』で、宗教を社会構成要素として、重要視している（Weber 1920＝一九八九）。これらが代表するように、西欧社会においては、キリスト教の覇権を背景として、社会の連帯や統合に対する宗教の役割に視線が向けられ、そうしたなかで、死は、宗教に包摂されるものとして捉えられてきた。死の取り扱いへの宗教の貢献について、P・L・バーガーは「死の知識があらゆる社会で避けられないものである以上、死に直面して社会的世界の現実を正当化することが、どんな社会にも決定的な必要条件である。そのような正当化にあたっての宗教の重要性は明白である」(Berger 1967＝二〇一八:八二)と述べたように、宗教は「ノモスのかぶせる防護用の天蓋《キャノピイ》」(Berger 1967＝二〇一八:九九)である。すなわち、宗教は、あらゆる事象を包摂しうる世界観や、宇宙観のなかに、死の意味を位置づけるとともに、葬儀などの死者儀礼による死の処理のあり方を教示する。とくに、キリスト教社会の文化は、死ねば天国(神の国)へ行くという世界観を表象してきた。宗教が、死後の世界を表象すること(死後の魂のあり方を含めれば、仏教的な輪廻も同様である)は、典型的なことであり、そのような死者と生者との結節のあり方を示す世界観の提供は、死や死者の取り扱い方を説明するとともに、その実践へと人々を導いた。このように、宗教から、死への態度を捉えるものとして、G・M・ヴァーノンの*Sociology of Death*(『死の社会学』)と先駆的に冠された社会学的研究は、日常生活の死に関連する行動・ふるまい(Death-Related Behavior)を取り上げるとともに、それらの行動に、宗教性の発現を見ようとした(Vernon 1970: v)。日本においても、たとえば、櫛島次郎(一九八七)は、神や宗教からなる社会秩序のあり方についての比較社会学という方法から、死の社会学的研究の体系化を試みていた。

同様に、人類学でも、死は重大な関心事である。E・モランは、人類とは、道具を持つもの(ホモ・ファベル)、頭脳を持つもの(ホモ・サピエンス)、言葉を持つもの(ホモ・ロクワクス)として、認識されるに事足りず、死に葬祭の儀式をともなわせ、死者たちの永生、あるいは復活を信じる唯一の種であるという(Morin [1951] 1970＝一九七三:一)。このように、人類とは何かを問う人類学にとって、儀式に表象される象徴的な無形の死は、意味を見出す人類らしさを示す証として、研究対象とされてきた。

たとえば、R・エルツは、ボルネオのダヤク族における服喪である二重葬儀の観察を行っている。二重葬儀とは、成員の遺体を棺に納めても、墓に持って行かずに、家や葬儀の場ではない場所に一時的に置いておくという「あいだの期間」を空けたのちに、本番の（第二の）葬儀を行うことである（Hertz 1907＝二〇〇一：四三―八一）。「あいだの期間」は、部族によって七、八カ月から一〇年などの開きがあるとされるが、この期間は、死体の状態の変化と関係している。エルツによれば、この間に遺体が腐敗し、分解がすっかり済んで骨だけになるのを待っているのであり、その間、死者の魂は、この世にとどまり、近親者の服喪をきびしく監視している。そうして、死者が死者の国に入るのは、二番目の葬儀で骨になったことが確認され、埋葬が済んでからとなる。これを通して、エルツは次のことをみた。

集合意識にとって、普通の状態での死は、当人を一時、人間界の外に出すことを意味している。この追放は、結果として、かれを生者の可視的な世界から先祖たちの不可視的な世界へと移行させる。喪というものは、もともと生者がかれらの親族を《本当に死なせる》ための参加である。だからそれは、この〔真死の〕[1]状態になるまで続けられる。（中略）そしてこの作業が終わったとき、社会ははじめて平安に戻り、死に打ち克ったことになるわけである。（Hertz 1907＝二〇〇一：一三六）

エルツのアプローチとは、遺体に対する物理的出来事としてではなく、目に見えない隠された事実を含んだ全体として、死者の処理を解釈することであった。こうして、エルツは死者儀礼を通して死んだ成員をもはやこの世のものではないものとして扱い、死者たちの世界であるいわばあの世へと送り出すことで、死が解決される様子を明らかにした。同様のものとして、D・G・マンデルバウムが、南インドのコタ族で一、二年に一度、その間に亡くなった一族の成員のための合同葬儀のようなもの（Dry funeral 乾いた葬儀）が行われることを取り上げている（Mandelbaum 1959＝一九七三）。マンデルバウムによれば、この葬儀が終わるまで、死者の魂がコタ族の来世である「母なる国」に旅立ったとは言えないのであり、死者は依然として、社会の一員としての性質を持ち続けるという。そして、コタ族では、人が実際に死んだかどうかについて、最終的に宣言する権利を自然よりも、社会に与えているのだという（Mandelbaum 1959＝一九七三：一九五）。

死者儀礼の構造には、市野川容孝が「此岸／彼岸という相異なる二つの領域が先行的に設定されていなければならない」（市野川 一九九一：二五八）というように、いわばあの世とこの世の二項対立がある。ケガレにまつわる儀礼もこれと同様であり、排除の対象を規定する世界観の内部には、清浄（ハレ）／不浄（ケガレ）の二項対立があり、それによりケガレが認識され、排除される。M・ダグラスは、ケガレへの対処について、ケガレに対する認識に次いで、その排除のために、儀礼が積極的に呼び出されるという（Douglas 1966＝二〇〇九：二三二）。新谷尚紀は、死のケガレを死穢《しえ》と呼んだうえで、次のように言う。「死者と死穢には、生きている親しい人を死の世界へと引っ張り込む力がある、そんな危険な死者の血縁的な関係者は、親子や親族、身内の範囲で同じ服装をして固まっておいてもらい、一般の人たちには死穢を感染《うつ》さないようにしていた」（新谷 二〇〇九：五九）。これに指摘されるように、死や死者のケガレを払うという目的は、集団に強力な拘束力を与え、死者儀礼を営ませる。また、A・ファン・ヘネップがいうように、こうした生と死の象徴的な分離が、誕生から死への通時的な人生を理解させる「通過儀礼」（van Gennep 1909＝二〇一二）の一部となる。

デュルケームは、死者儀礼に着目するうえで、次のように述べた。「ある個人が死ぬと、彼の属していた家族集団は衰弱したと感じ、この衰弱に抵抗するために凝集する」（Durkheim 1912＝二〇一四〔下〕：三四八）。このようにデュルケームは、死が社会関係を破壊する危機となる一方で、社会関係を強く結合させる機会をもたらすことに着目していた。そして、そのなかにある社会学的問題関心とは、死は社会秩序にとって危機であり、死を対処できるかどうかが社会秩序の維持と関わっているということである。同様に、宗教の教義や、神話を起源に持つ死の集合表象を対象とする研究は、形を持たない神やそれに準ずる象徴的なものによる社会関係の支配の状態を明らかにしようとしている。死の集合表象研究は、社会学がフランス革命以後の社会の不安定な状況を解明する学問として体系化してきた背景にある問い（いかにして社会秩序は成立するか）と同様の問い、すなわち、いかにして死を対処することで社会秩序は成立するか、がある。この視点から、その後に続く研究は、死というテーマから社会秩序編成の方法を明らかにしようとした（Parsons［1978］1994; Walter 2008）。

そして、死や死者の意味といった、死の象徴的側面（無形の死）をめぐる包括的研究の先には、すでにみてきたような、宗教が提示する世界観や、死生観をめぐる普遍的な構造全体について、明らかにしていくものがある。例として、山折哲雄は、日本の天皇制や、チベット王権などを事例に、殯《もがり》の儀式および王位継承の儀式を比較することで、死生観・霊魂観の分析を行っている（山折 二〇〇二）。このような死者儀礼を作り上げる世界観（宗教や死生観およびそれに基づく規範など）の比較研究に関するものは、社会学や、人類学のうちに蓄積されてきている（Metcalf and Huntington 1991＝一九九六）。

これまでみた無形の死に着目する研究は、人間社会が死を意味づける状況をみていた。そして、死は消滅したり、絶滅したりすることはなく、むしろ死の不死性が強調され、論じられる。なぜなら、死と生、あるいは死者と生者という二項対立を組み込んだ社会構造を自明の前提として、意味世界の中で無形の死がどのように存在し、どのような意義を持っているのかについて問うからである。そして、こうした観点を前提に、死をめぐる社会的行為の説明が試みられたのである。

二　死と有形のモノ——死の意味づけ

先の宗教、死生観、あの世などの死の無形の部分への探究の一方で、現実に行われる死者儀礼にある有形の部分、すなわち、モノの姿を忘れてはならない。つまるところ、死の意味の媒体（メディア）となっている物理的存在＝モノがなければ、無形である死の意味も表象されることはない。死の無形の部分と有形のモノとは、表裏一体なのである。ここに注意を向けるように指摘したのは、J・ボードリヤールであり、次のように述べた。「われわれは、死を他人と分かちもつように、死を物と分かちもつすべを知らなくてはならない。死は与えられ受けとられてこそ意味をもつ。すなわち交換によって社会化されてこそ意味をもつ」（Baudrillard 1976＝一九九二：三九〇）。先にみてきた死の集合表象研究や死者儀礼研究では、宗教の教義や、象徴的な死や死者の意味といった無形の側面が、モノに対して投影されていることを自明のこととして、人間が作り出した意味による物理的世界の支配を捉えている。しかし、死をめぐる社会現象の全体を捉えるとすれば、そうした無形の死の側面のみを解釈するだけでは不十分であり、有形のモノがいかに扱われているのか、といった部分も合わせて、捉えなければならない。そこで、次に着目するのは、無形の死が有形のモノに見出される過程や方法、その意義についてである。

古代エジプトのピラミッドと同様に、日本でも古代権力者の古墳にみるように、古くから、死者儀礼があつく催されてきた例を挙げることができる。しかし、一般民衆に関して言えば、死生観や、死者儀礼などの死の無形の側面があいまいだと言えるような死や死者の取り扱いの事例が、民俗学的研究から指摘されている。宮本常一は、死者儀礼がその場限りの一時的なやり過ごしのような形で行われていたことを取り上げている。宮本は、中世日本において、死の処理を職業としていたものに僧侶を挙げており、死を取り扱う僧侶が旅から流れ着き、そのまま住みついて、死人の世話や、占いをしながら、後継をつくらずそこで一生を終えると、そのうち、また誰かがやってきて、住みつくというのが繰り返されていたという（宮本［一九七六］二〇一二：九七）。その後、仏教を民間に浸透させることにもっとも大きな役割を果たしたのが、一遍（鎌倉時代中期、時宗の開祖）であり、死後、仏に導かれて極楽へゆくようにするためには、念仏の功徳に待たねばならぬという教義のもと、僧侶らが村々をまわって死者のために祈り弔う姿が、人々の死者に対する埋葬の型を形成していき、やがて法要がていねいに営まれるようになったのだという（宮本［一九七六］二〇一二：一一六―一二〇）。このように、一般民衆に、仏教的な死者儀礼の形式が敷衍するには、たしかに、僧侶の存在が大きかったが、宮本の例に押さえておくべきは、それ以前には、僧侶による地道な活動しか存在せず、民衆は宗教の教義など知る由もなかった点である。

また、宗教の提示する世界観を欠いた葬儀に対して考えることとして、井之口章次によれば、古来日本においては、住居に死者の霊が帰ってこないようにするための儀礼があり、出棺のときに、家の門から出さずにわざわざ壁に穴をつらぬいて棺を運び出し、そのあともとどおりに穴を塞いでしまうものがあったという（井之口［一九七七］二〇〇二：一六四）。この儀礼の意図は、普段から使用する出入口に、死や死者の意味がつかないようにすることであり、また、家の外に出したあとに出口を塞いでしまうのは、死者が家の前まで戻ってきても、出入口がなくなっていることで、二度と、家の中に戻れないようにするためである。このように、死者用の通り道となる出口の作成や、住居の内と外を境に死者と生者の世界を隔てることによって、象徴的に死者を生者の世界から遠ざけるとともに、物理的にも死者のあるべき場所へと移すのである。これには、モノとモノが作り出す物理的な距離や差異から生じる即時的な住居の変化に基づいた死者の意味づけがみられる。つまり、ここには、他界や、死者の霊魂のような無形の死や死者の意味が形式的かつ、自明に存在しているというよりも、物理的にあるモノの操作とモノへの意味づけができてこそ、即興的に死者儀礼を演じることができる点が示されている。
そして、日本では、死や死者の取り扱いをめぐって、とくに広く死が意味づけられてきたものとして、山があった。井之口は、次のようにいう。「山は他界ではなくて、他界へ行くはずの霊が、ここで清まるまでを待ちすごす場所であった」（井之口［一九七七］二〇〇二：二四〇）。このように、井之口は、死者の霊がはるか遠くから見守る祖霊に昇華するまでの中間地として、山を考えている。この山への死の意味づけについて、先駆的に論じていたのは、柳田国男であった。柳田は、葬送には死者の空間である山があったとして、次のように述べた。

都市が勃興し人の来往の多くなったのは、三百年以上の昔からであるが、もうその頃から我々の葬法は、乱雑になりかけていたのである。しかしそれから以後でも空地のまだ多い田舎だけは、なお現世生活の最後の名残を、静かに消滅せしめる方法は備わっていた。人のあまり行かない山の奥や野の末に、ただ送って置いて来ればよかったのである。最初はもちろん喪屋を傍に造って、喪にある者の限りはその中に籠もったが、忌が晴れて常の生活に戻って来ると、それから後はただ忘却があるのみであった。（柳田［一九四六］二〇一三：一九七）

このように柳田は、死者の遺体を山の奥や、野の末に移動させ、物理的に生活圏と死者との距離を隔てることで死者儀礼が行われてきたことを説明しているが、さらに、山に送った死者について「ただ忘却があるのみ」と言っているように、この死者儀礼の背景には、かならずしも、強固な思想や、宗教観があるとは言えないことも示している。このように死者を忘却してしまう場合には、死者の行き先としての天国や極楽などの設定は一見、希薄であるようにみえる。しかし、こうした事態は少し複雑であり、死者のための異界（あの世）の未設定のまま死者を忘却するということは、一方で、忘却に反発する観念もかきたてる。柳田の説にひきつけて、佐藤弘夫は「日本人には、死者の霊が手の届かない天国や極楽に行ってしまうという感覚はなかった」（佐藤 二〇〇八：一二）と述べる。佐藤は、日本人の死生観・霊魂観の通説をめぐって「死者がこの世を離れて遠い他界に行くという観念の不在」（佐藤 二〇〇八：一五）を指摘し、むしろ「死者がいつまでも身近に留まるという観念」（佐藤 二〇〇八：一八）によって、死の取り扱い方がさまざまであることをいくつかの例を挙げて説明している。たとえば、記紀神話のイザナミが死んで向かった黄泉の国は、イザナギが徒歩で赴くことのできる場所だったこと。また平安時代半ばぐらいまでは、天皇家や、貴族・高僧など、ごく限られた一部の人々を除いて墓が営まれず、庶民の死体は、特定の葬地で簡単な葬送儀礼を行ったのち、そのまま放置されて、犬や、カラスのついばむままにされていたこと（たとえば「餓鬼草紙」に描かれたイメージ）[2]。だが、それも一転し、戦国時代から江戸時代の前期にかけて、庶民層にまで永続的に受け継がれるイエ（家）の制度と観念が確立するようになり、それを背景として、寺院の境内墓地が広く一般化し、墓には先祖が眠り、そこを訪れれば、いつでも故人に会うことができるという現代人に通じる感覚が、しだいに、社会に定着したことが挙げられている（佐藤 二〇〇八：一五―九）。

　このように、天国や極楽の設定が確固としたものではなく、死者を別の世界へと送り出すという意識が弱いことは、モノに対し、容易に霊的性質を見出す心性を育んでいる。宮田登は、日本の生活文化に霊魂がいまなお広く息づいていることについて、モノに霊を宿らせるアニミズム的心性から説明しているが（宮田［一九八八］二〇二三）、このような死を意味づける文化の背景についても、死後の世界の表象の脆弱性や、希薄さが関係している。霊魂をモノに見出すことの自由さはよく知られており、二〇〇六年に秋川雅史による歌曲「千の風になって」（元の歌詞はアメリカ合衆国発祥）が流行したが、その受け入れられた歌詞で、霊魂は、お墓の前にあるのではなく、さらに、一つでもなく「千」であり（複数の霊魂を含めた全体という解釈も可能ではある）、それが「風」になって、秋冬の季節も、朝と夜も、そこらの空気中を吹きわたっているという。このように、死者の霊魂が身近なところに、いつでもどこでも、表象可能であることは、一般に広く受け入れられたことである。

　これらのことから考えると、たまたま眼前にある家のようなモノや、悠然と人間の前にある山などの自然環境を舞台に、人間の文化が諸行無常に変わりゆくことを受け入れ、その都度、モノに死を意味づけ、死者儀礼を実践するのが、日本社会の死や死者との関わり方であろう。そうしたことの表れとして、井之口のいう出棺をめぐる住居空間の物理的操作による死の意味づけや、柳田のいう死者をただ置いて葬る場所としての山への意味づけが解釈できる。このように、モノへの死の意味づけをめぐるプロセスを検証することは、生活環境とともにある死者儀礼の理解を助ける。

　さらに、モノや空間を含めて、社会秩序編成の契機を捉えたものとして、M・エリアーデは、聖なる山や、寺院や宮殿、聖都や王の住処などは、天、地、地下界の接合点であるという（Eliade 1949＝一九六三：二二―八）。ここでも重要なことは、山や、寺院などに挙げられた現実のモノへの意味づけの過程である。このような例は、柳田の「遠野物語拾遺」にもみることができ、そこに取り上げられる説話の一つでは、六甲牛山《ろっこうし》は、天人児《てんにんこう》が天から降り立つ場所であり、また、天へと帰る場所でもあるとされている（柳田［一九五五］二〇〇四：八一―三）。これらに指摘される点は、物理的環境が、死者や神々があの世や天界から回帰する空間・場として機能することである。こうした儀礼の機能について、荻野昌弘は、次のように述べる。「定期的に死者の記憶を喚起する儀礼を司る営みは普遍的であり、それこそが社会秩序維持の根幹にある」（荻野 二〇一八：二九三）。荻野は、こうした死者を想起する儀礼による社会秩序編成を「追憶の秩序」（荻野 一九九八）と呼び「追憶の秩序は、死者の記憶の喚起を行い続けるが、重要なのは、死者の霊が棲む聖なる空間が設定されていることである」（荻野 二〇一八：二九三）という。このように聖なる空間の設定は、現実に存在する物理的な根拠をともなうことで、集団内での認識の共有を確固たるものとする。

また、社会秩序に対するモノへの死の意味づけの意義には、死と時間に関することも含めて、押さえておく必要がある。すなわち、死や死者が意味づけられたモノや空間が、それを見たり触れたりした人間に対して、過去にあった死者を象徴的に現在によみがえらせることの意義についてである。C・レヴィ＝ストロースが、その例として挙げるのは、オーストラリア中部の部族でのチューリンガについてである。チューリンガという、石か木で作られた単なる楕円形の物体は、先祖の肉体を表しており、部族では、それを人のよく通る道から遠い自然の岩陰に積んで隠しておき、定期的に取り出して、調べ、触り、念仏を唱えたりする（Lévi-Strauss 1962＝一九七六：二八四―九三）。レヴィ＝ストロースは、このようにチューリンガを見て、かすかに過去を追憶することによって、流れ去った過去が現在によみがえることに対して、通時態（過去に戻らない時間の不可逆的な状態）から、共時態（過去が常に繰り返されるような時間の可逆的な状態）への変容を捉える。「それは物的に現在化された過去であり、経験的に把握されている個別性と神話上の混沌状態とを調停する手段である」（Lévi-Strauss 1962＝一九七六：二八六）というように、チューリンガは、モノに死や死者を意味づけることで、過去を現在に回帰させ、時間の流れを顕在化させないようにする社会秩序編成の試みである。こうして、レヴィ＝ストロースが「野生の思考」と呼んで明らかにしたものは、通時態のような歴史を生み出す思考ではなく、共時態という、過去を現在化（今によみがえらせること）し、時間の経過を感じさせないようにする思考の普遍的な構造であった。これにみるように、モノに死を意味づけることは、死者が現在によみがえる時間の次元である共時態を作り出すのであり、それによって、現在という次元の不可逆的な崩壊が顕在化することを防いでいる。これは、現在にある生がいずれ意義ある形で回帰するというように、現在の生者と過去の死者が共に同時点において存在する意義を保証する社会秩序編成の手段となる。

これまでの議論から指摘されることは、即興的なモノへの死の意味づけの実践を通して死者儀礼は演じられる側面があると同時に、そうした死が意味づけられたモノと接触する機会自体が過去に意味を与えるとともに、時間の経過を感じさせないようにするといった社会秩序編成の方法として機能していることである。

三　死の近代的側面——モノと死の意味の変容

これまでにみたモノは、たしかに、死者儀礼を成立させるために不可欠なものとして、機能していた。しかし、現代社会について論じる際には、さらに、近代化をめぐるモノと死の展開を議論に加え、無形の死と有形のモノに着目する議論の有効性について、再度、捉え直す必要がある。

（1）死の商品化・産業化

モノや、空間への死の意味づけに変化を与えたものとして、資本主義がある。資本主義社会における大量生産・大量消費によって、モノがあふれる状況において、ボードリヤールは次のように述べる。「もちろん、いかに豊かさを誇ろうとも、モノは人間の活動の産物であって、自然の生態学的法則によってではなく交換価値の法則によって支配されているという事実を決して忘れてはならない」（Baudrillard 1970＝二〇一五：一五）。これは、資本主義社会で生産されるものは、まず、商品の姿をしており、商品が流通しているということに注意を促すとともに、K・マルクスの指摘のとおり、商品が使用価値（モノが持つ具体的な有用性・機能）に比例する交換価値（相互の交換を可能にする客観的な価値であり、貨幣経済においては価格に表されるもの）を持って、存在していることを指摘している。

このことを念頭におけば、山という空間は、経済システムにおいては、区画整備によって分別され、管理され、売買されるのであり、この過程で、山に交換価値が上書きされ、商品という生産物へと変わる。このように経済観念によって、山は、所有者の私有財産としての管理の対象となってしまい、死者の空間という意味づけは、公的な次元において機能不全に陥ってしまう。これにともなうこととして、柳田は、次のような変化を指摘していた。「山を周囲に持たない新地の経営が始まって、すでにこの観念に若干の更訂が起こった。亡者の行くべき山々は統一せられ、仏法の力強い教えがこれを支配するようにもなった」（柳田［一九四六］二〇一三：一九八）。このように、都市空間の開発において、死者の行き先としての山という空間に代わって、宗教などの死を意味づける文化が現れる。山をめぐる死者儀礼に代わって現れた死の文化には、墓が挙げられる。問芝志保は、日本の先祖祭祀論の重要人物として、法学者の穂積陳重《ほづみのぶしげ》を取り上げながら、明治期の西洋近代的概念と日本社会の現状との相剋の直面により、先祖祭祀を表象する墓の文化が、日本の国家的アイデンティティの素材として捉え直されてきたことを挙げている（問芝二〇二〇：八五）。この墓の文化が西洋近代化の強制として明治以降に流入し、一般化したことも含めて、山のような死者の空間の意味づけは効力を失っていく傾向にあった。

　そして、資本主義社会では、山の商品化のような有形のモノが商品化しただけではなく、無形の葬儀のような死者儀礼も商品化・産業化した。

　M・ヴォヴェルは、近代社会の死の歴史的変化には商業化がともなっているとして、一八世紀イギリスの都市部では、葬儀業者が登場し、一九世紀には、アメリカでも増えていることを挙げている（Vovelle 1983＝二〇一九〔下〕：九五八）。こうした葬儀の商品化の実態について先駆的に取り上げられたものが、J・ミットフォードによる『アメリカ人の死に方』（Mitford［1963］2000）である。これには、平均的で典型的なアメリカ人が行う産業化した葬儀の実態が描かれている。日本でも、猪瀬直樹が、学術研究より先に、死に関する産業種についてのさまざまなルポルタージュを書いており、葬儀屋、死に化粧師、霊柩車製造会社の経営者、火葬場建築家、頭蓋骨から生前の顔を甦らせる復顔師、尊厳死運動のパイオニア、日本最初のホスピス所長といった産業従事者を取り上げた（猪瀬一九八七）。その後、葬儀業・霊園産業など、死と死別に関する専門業種の登場が、社会学や民俗学で相次いで取り上げられてきた（Suzuki 2000、中筋 二〇〇六、山田 二〇〇七、田中 二〇一七、玉川 二〇一八）。滝田洋二郎の映画『おくりびと』（二〇〇八）に描かれた遺体の納棺を専門に行うサービスの登場も、死をめぐるできごとの商品化の例の一つである。主人公は、納棺師であり、遺体を湯灌して納めるという日本の伝統的習俗を援用した儀礼的パフォーマンスを行う業者である。これらのように、親族や地域共同体だけでなく、その担い手に葬儀業・霊園産業といった専門業者が介入し、死者儀礼が商品として提供される状況になっており、井上俊は、資本主義社会で死に関する産業が登場することを、死の商品化や産業化と呼んだ（井上 二〇一三：二八）。

こうした死者儀礼の商品化とともに、多様な葬儀のかたちが生まれている。嶋根克己は、一九九〇年代から、日本の葬儀には、自然葬や樹木葬などの墓石を必要としない葬儀が出現していることを、葬送の変化として挙げている（Shimane 2012）。ほかにも、関沢まゆみは、二〇〇〇年代以降の変化として、自宅葬からホール葬へという葬儀の場所の変化とともに、旧来の土葬や野辺送りがなくなり、火葬化していることを指摘した（関沢 二〇一五）。また、井上治代は、都市部の葬儀では、故人と面識がない場合、死の深い悲嘆を共有しない「義理の関係者」の参列を拒み、故人と関係のあった人たちだけで葬儀を執り行うことが増加しており、ほかにも「自分らしい」葬儀を志向する個人単位の儀礼への移行とともに、宗教儀礼が省略傾向にあるという（井上ほか 二〇〇七：九）。こうした状況について、嶋根は次のように指摘する。「地域共同体という社会圏から個人が自立し、職業集団やその他の集団に多元的に共属するという状況はわれわれの考え方を多様なものとし、したがって葬儀の形態も多様な形が許されるようになってきた」（嶋根 二〇〇一：二八二）。さらに、嶋根と玉川貴子は、死や看取りが私的な領域の問題として、個別に解決しなくてはならなくなり、死の意味づけやその選択は、市場化・商品化によって代替されるようになったという（嶋根・玉川 二〇一一）。同様に、森謙二も、人々は地域や家族とのつながりが希薄になるとともに、市場化・商品化により、自分自身の意志（自己決定）によって、葬送のあり方を決めたいと思うようになるとして、これを「葬送の個人化」（森 二〇一〇：三〇）と呼んだ。しかし、個性的な葬儀が可能になる一方で、経済観念によって安価であることが求められるようになり、直葬という葬儀を行わずに火葬場に直行する葬儀の形式も現れるなど、死者儀礼の省略も顕わとなった。

（2）死の医療化

さらに、これまでにみた資本主義の流入による死の商品化・産業化のみならず、死者儀礼という死の無形の側面を、より顕著に、舞台袖へと追いやるように現れた近代的側面としてみるべきものが、死の医療化である。

かつて、一七世紀フランスの貴族・文学者F・de・ラ・ロシュフコーは「太陽をじっと見つめることはできない。死もそのとおり」（La Rochefoucauld 1992＝二〇一九：一二二）といったが、現代医療は、人間の死を科学的に扱い、客観的に直視できるものとして判断する。それは、死の三徴候として、心臓停止、自発呼吸停止、瞳孔散大の三つによく知られているとおりである。これこそ、M・フーコーが『臨床医学の誕生』で指摘した一八―一九世紀に起こった認識論的切断であり、ここで医学は死を言語の使用や身体の解剖によって概念化し、さらに死ななければならない身体をともなった「個人」という存在を認識させたのである（Foucault 1963＝［一九六九］二〇一一）。そしてこれに基づいて法的死は定義され、医師に診断される死因や、事故、自殺、他殺といった事件性を含めた周辺の状況に関わる資料の収集によって、死亡統計という量的事実が作り上げられる。

厚生労働省による約一二〇年間の死亡統計によれば[(3)]、第二次世界大戦前は、死亡数・死亡率がともに現代に比べて高い状態にあった（図1-1）。一方、戦後の統計では、政治的安定と高度医療化とともに一変して死亡数・死亡率が一旦急速に低下した。だが、死亡数は現代に向かうにつれ増加の一途をたどっており、一九五〇―七〇年代ま

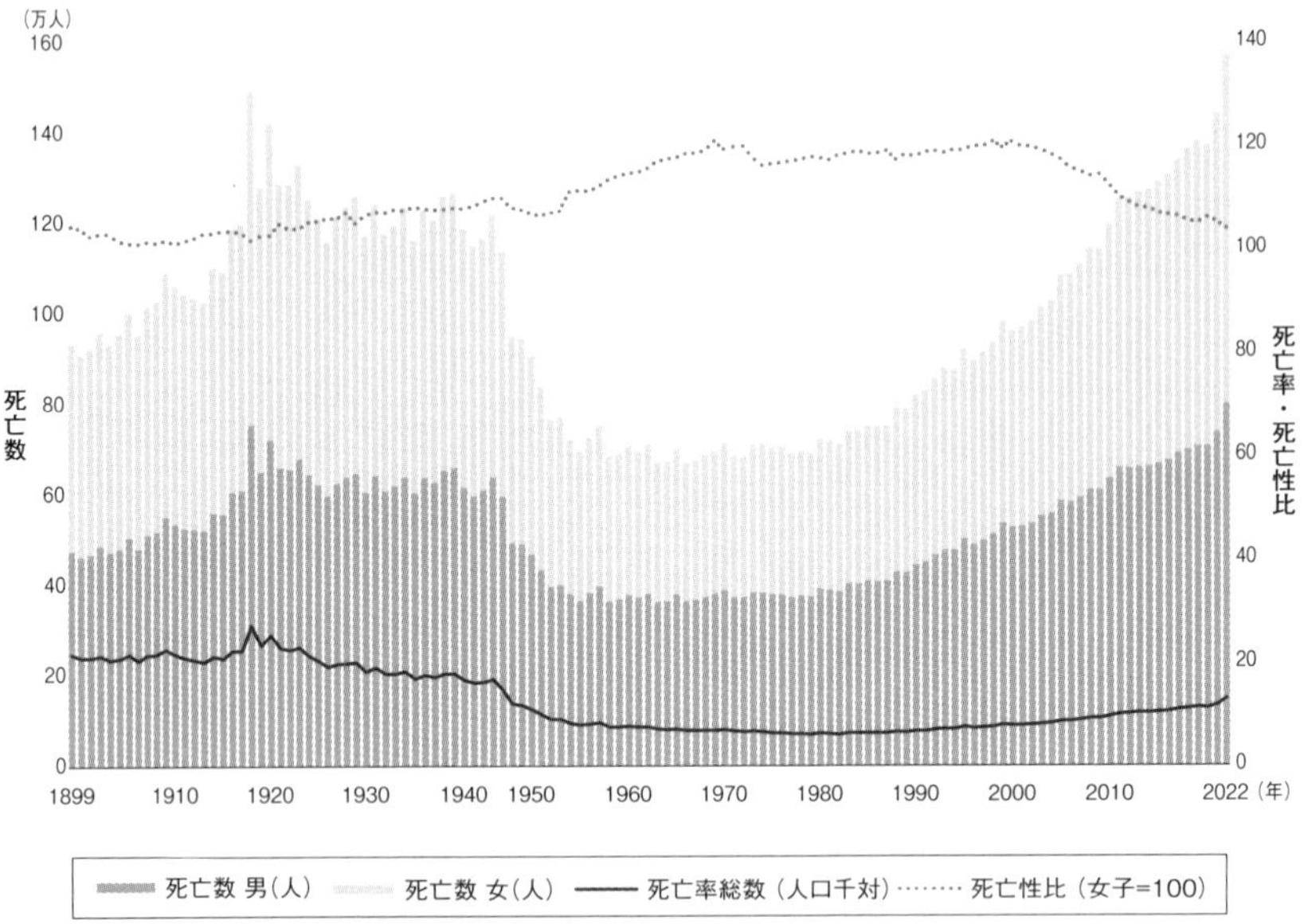

図 1-1　日本の死亡数・死亡率・死亡性比の推移

注：1944-46 年における資料なし

出典：「人口動態調査」（厚生労働省 2024）より筆者作成

での年間死亡数は、七〇万人前後であったが、二〇二二年には、約一五七万人へと倍増している。そして、これにともなって、わずかに死亡率も上昇の傾向にある。

こうした現代日本の死亡統計の傾向は、二〇二二年に二九・〇パーセントという世界でもっとも高い高齢化率（全人口に対する六五歳以上のものの割合）と関係している（内閣府 二〇二三：二）。近年の死亡数増加の背景には、戦後ベビーブームによる人口爆発があるが、死亡数・死亡率は一九七〇年代後半まで、医療技術の発展による長寿命化によって、下げ止まりしていたと考えられる。しかし、ベビーブーム世代の高齢化と少子化にともなって、死亡数・死亡率は、なだらかに上昇し、近年では、その増加にさらなる拍車がかかっている。こうしたなかで、二〇一〇年以降、死亡数は、出生数を上回り、人口の自然減少へと転じている（内閣府 二〇二三：四）。昨今の死亡数・死亡率の増加が

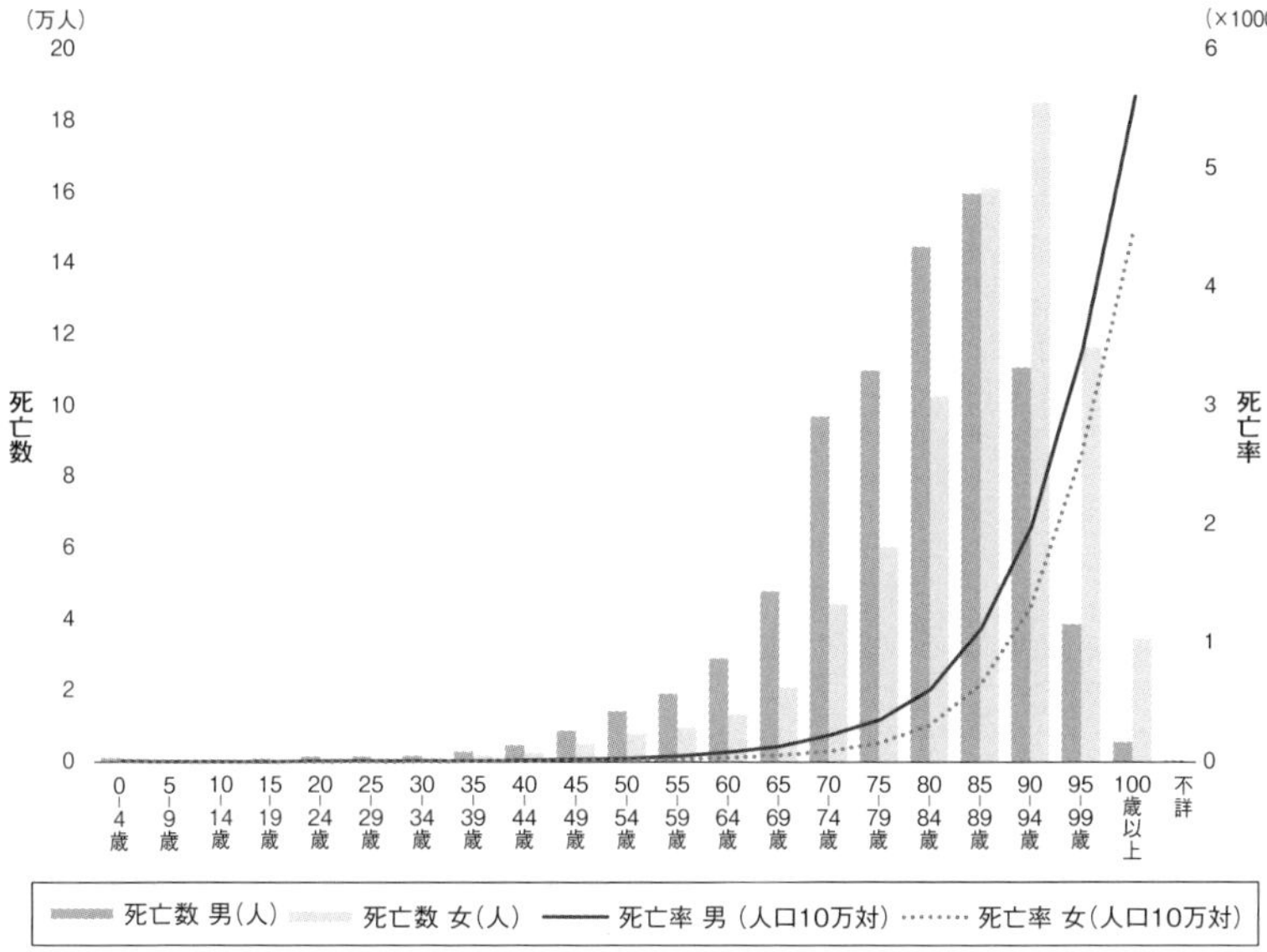

図 1-2　男女別 5 歳階級ごとの死亡数・死亡率（2022 年）

出典：「人口動態調査」（厚生労働省 2024）より筆者作成

顕著となったことに対して、これまでよりも、多くの人々の死が顕在化していく社会状況を表現する言葉として「多死社会」が広く一般に知られるようになっている。

加えて、男女死亡時年齢別からは、現代における死の傾向がみえてくる。図1-2では、男女とも、六五歳以上の高齢期に死亡数が偏っているが、より詳しくみれば、男性の死亡数・死亡率は、女性よりも高い状態が続くが、八五―八九歳になって、女性の死亡数が男性を上回る。すなわち、女性は、男性よりも、高齢時点での死亡数の偏りが顕著である。二〇二二年六月推計の六五歳以上人口については、男性約一五七三万人に対して、女性約二〇五二万人である（総務省統計局 二〇二三a）。先の図1-1における死亡性比（女性＝一〇〇）の変化も、この高齢女性人口の多さを考慮する必要があり、一九五〇―九〇年代までの間、死亡性比が一二〇あたりであるように、男性の死亡数が女

表 1-1　死因をめぐる状況（2022 年）

死　　　　　因	死因順位	死亡数（人）	死亡率（人口10万対）	死亡総数に占める割合（%）
全　死　因		1,569,050	1285.8	100.0
悪 性 新 生 物	1	385,797	316.1	24.6
心　疾　患	2	232,964	190.9	14.8
老　　　衰	3	179,529	147.1	11.4
脳 血 管 疾 患	4	107,481	88.1	6.9
肺　　　炎	5	74,013	60.7	4.7
誤 嚥 性 肺 炎	6	56,069	45.9	3.6
不 慮 の 事 故	7	43,420	35.6	2.8
腎　不　全	8	30,739	25.2	2.0
アルツハイマー病	9	24,860	20.4	1.6
血管性等の認知症	10	24,360	20.0	1.6

出典：「令和４年（2022）人口動態統計（確定数）の概況」（厚生労働省 2023: 15）より筆者作成

性よりも二割ほど高くなっていたが、二〇〇〇年前後から二〇二二年にかけては一転し、男女の死亡性比の差は縮小傾向にある。これについては、男性より顕著な長寿命化によって、人口が増えていた高齢女性が寿命を迎えることによる死亡数の増加が、次第に現れてきていることが考えられる。

また、表１-１から死因についてみると、二〇二二年での死因順位の第一位は、悪性新生物（腫瘍）であり、死亡数三八万五七九七人（死亡総数に占める割合は二四・六パーセント）、死亡率三一六・一（人口一〇万対）である。なお、第二位は、心疾患（同一四・八パーセント、一九〇・九）、第三位は、老衰（同一一・四パーセント、一四七・一）となっている。六五歳以上の者に限る場合でも、死因上位三位まで同じである（内閣府 二〇二三：二八）。こうした現代の死因順位について、医療の進歩が大きく関わっている。医師の福間誠之によれば、死亡原因の主となる病気には変遷があり、ペストや、コレラなどの伝染病の病原菌の発見と、化学薬品や、抗生物質による治療が成功するようになり、感染症の死亡者が減少したという（一九四七年には、結核が死因一位、肺炎・気管支炎が二位）（福間 二〇〇〇：一四六―七）。

また、七位の不慮の事故については、一見、偶発的か、対外的な要因を含んでおり、社会活動の活発さや、移動量を考慮すると、高齢層

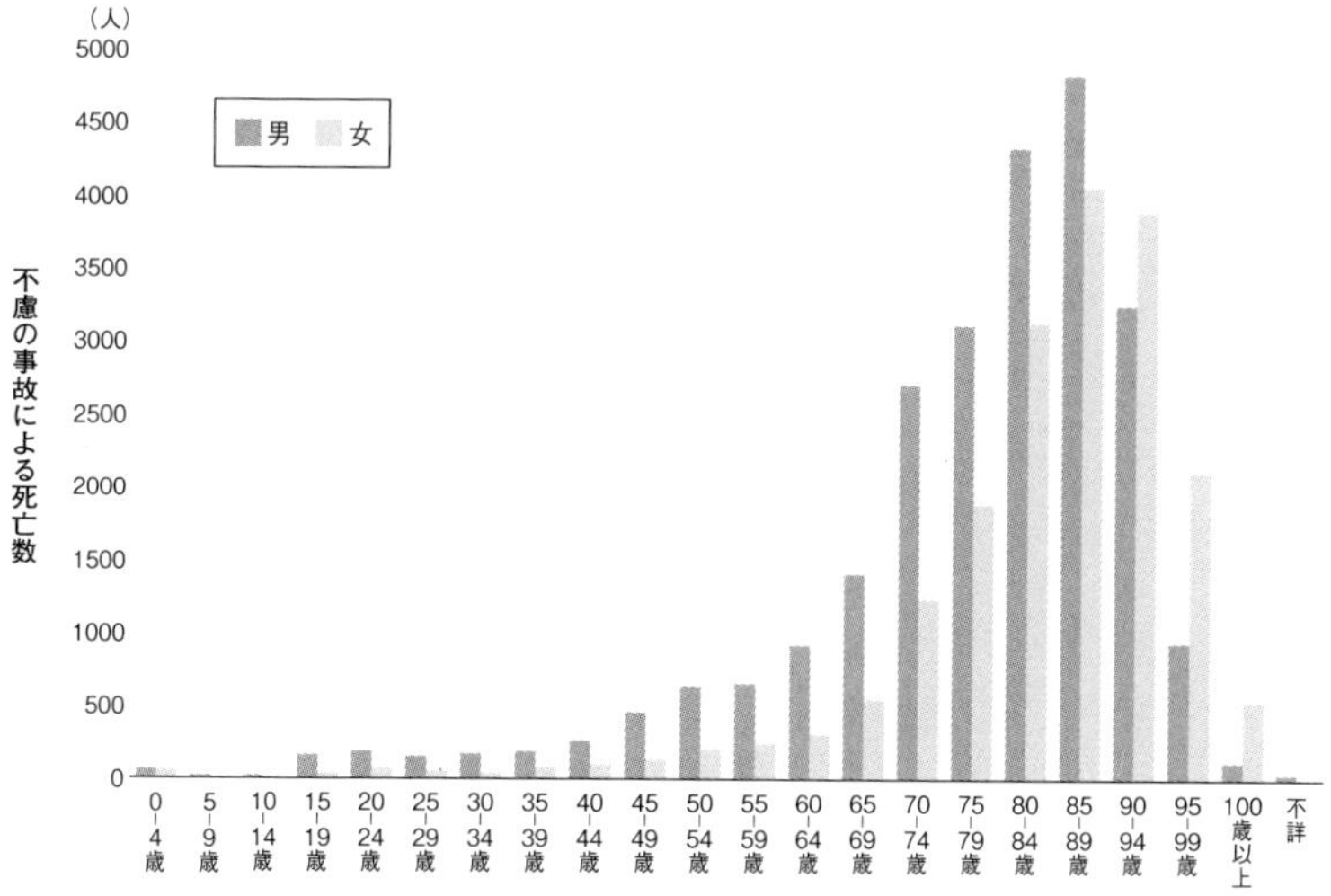

図 1-3　男女別 5 歳階級ごとの不慮の事故による死亡数（2022 年）

出典：「人口動態調査」（厚生労働省 2024）より筆者作成

に比べて、若年層のほうが死亡数は多いと思われるかもしれないが、実際には、高齢者の死亡数のほうが多い（図1―3）。高寿命化の要因として、高度医療の進歩が直接的に関わっているが、そうした結果、死亡時年齢の高齢期への偏在は明確になっており、死亡統計からは、身体の加齢（老化）が、現代日本人の死の最大の要因であると示唆される。

ちなみに、加齢以外の要因としてみるべき死因として注意すべきものには自殺がある。本書では、自殺について以降扱うことはないが、ここで簡単に触れておく。男性だけの死因順位では、二〇二一年第一一位、二〇二二年第一〇位（死亡総数に占める割合一・八パーセント、死亡率［人口一〇万対］二四・二）である（厚生労働省 二〇二三：一五）。二〇二二年の自殺者数は、二万一二五二人であり、五歳階級ごとにその分布をみると、男性は五〇—五四歳を頂点とする山型である（図1―4）。これにみるように、自殺については、その数の男女差もふまえて、医療化や加齢とは別の社会的要因をみる必要があるだろう。

これまでにみたように、近年では、死亡数の増加が著しいが、それは高齢者に偏在している。また医療技術の高度化によって、長寿命にはなったが、それに付随して、死の前段階に闘病という期間も生まれた。これにともなって現われてくるのが、健康寿命という概念である。健康寿命とは、日常生活が制限されることなく、健康に生活できる期間である。健康寿命は、二〇一九年には、男性七二・六八歳（平均寿命八一・四一歳）、女性七五・三八歳（平均寿命八七・四五歳）となっている（内閣府 二〇二三：二七）。男女それぞれ、健康寿命と平均寿命には、一〇年前後のギャップがあるが、この期間は、つねに何らかの闘病と隣り合わせであることを示している。こうした健康寿命の指標に対してみるべき傾向とは、闘病に始まるいわば高齢期の生活（生）の医療化であり、医療的管理のもとで死期を待つ生活となる。

さらに、図1-5は、国内の死亡場所についての統計資料であるが、死亡場所の自宅から病院へという変化は著しい(4)。統計開始の一九五一年に、もっとも数が多かった死亡場所は自宅であったが、二〇二二年までに、この自宅に入れ替わるように大きく増加したのは、病院である。医療化した社会は、医療設備としての病院の設置と医師・看護師の配置とともに、死に漸進する病人を待ち構える。医療現場の役割として第一に求められるのは、患者の延命と患者自体に寄り添うことである。B・G・グレイザーとA・L・ストラウスは、患者のみずからの肉体の死が迫っていることへの気づき（「終末認識（awareness）」）に対するケアの問題、すなわち、病院における理想の看護のあり方（余命宣告も含めて）について、病院の医師や看護師といったスタッフと患者とのさまざまな相互作用を取り上げている（Glaser and Strauss 1965＝一九八八）。しかし、病院は、助かる見込みのない患者が運ばれてくることも常であり、日々、多くの患者の死体と対峙する場所でもある。患者の死後の取り扱いの内実を取り上げたものとしては、D・サドナウによるものがあるが、医療現場のスタッフによる死体への対応において、もはや死は聖なるものと意味づけられるものとして存在せず、タンパク質のかたまりである遺体への対応は世俗的なものである

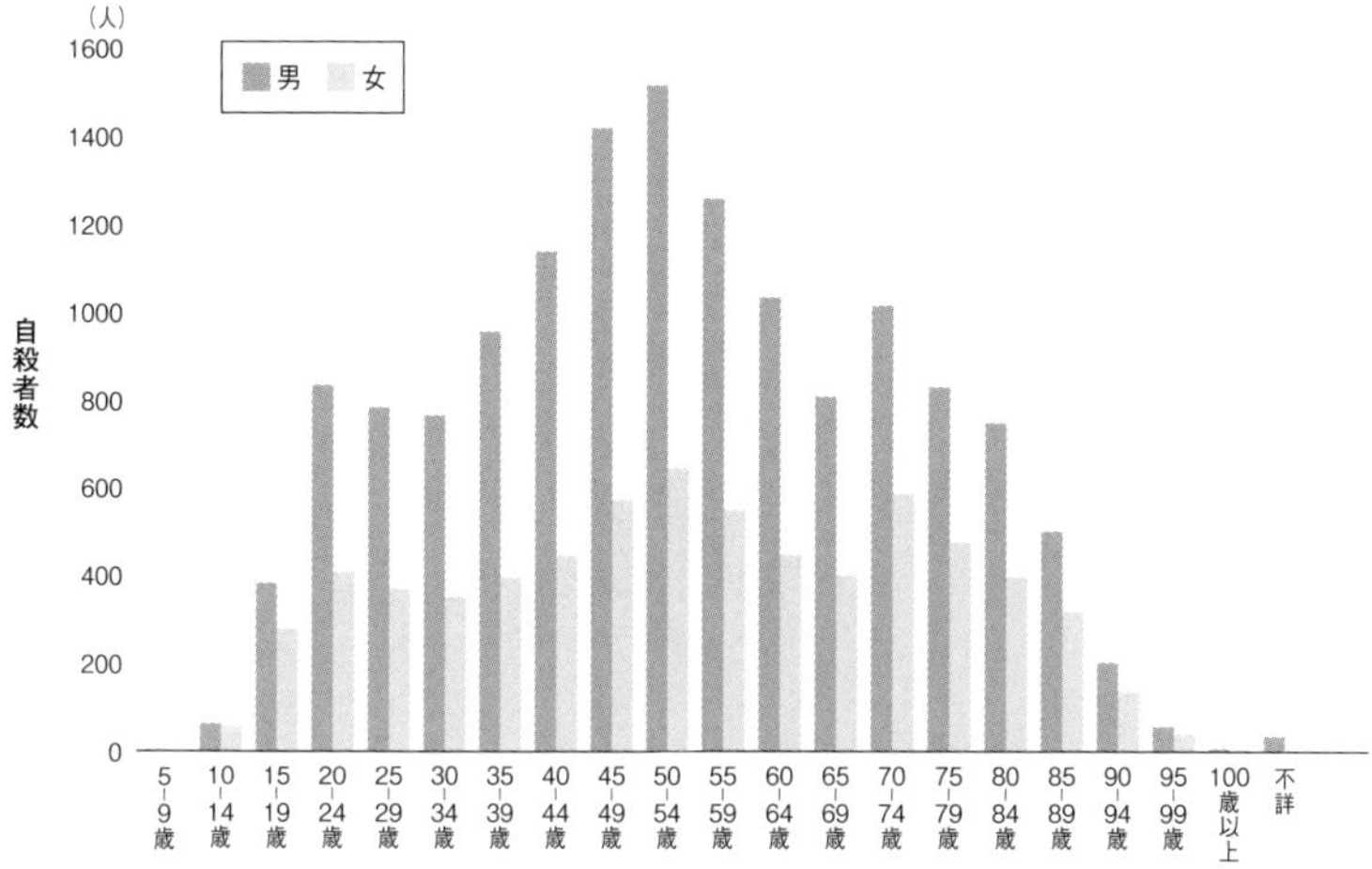

図 1-4　男女別 5 歳階級ごとの自殺者数（2022 年）

出典：「人口動態調査」（厚生労働省 2024）より著者作成

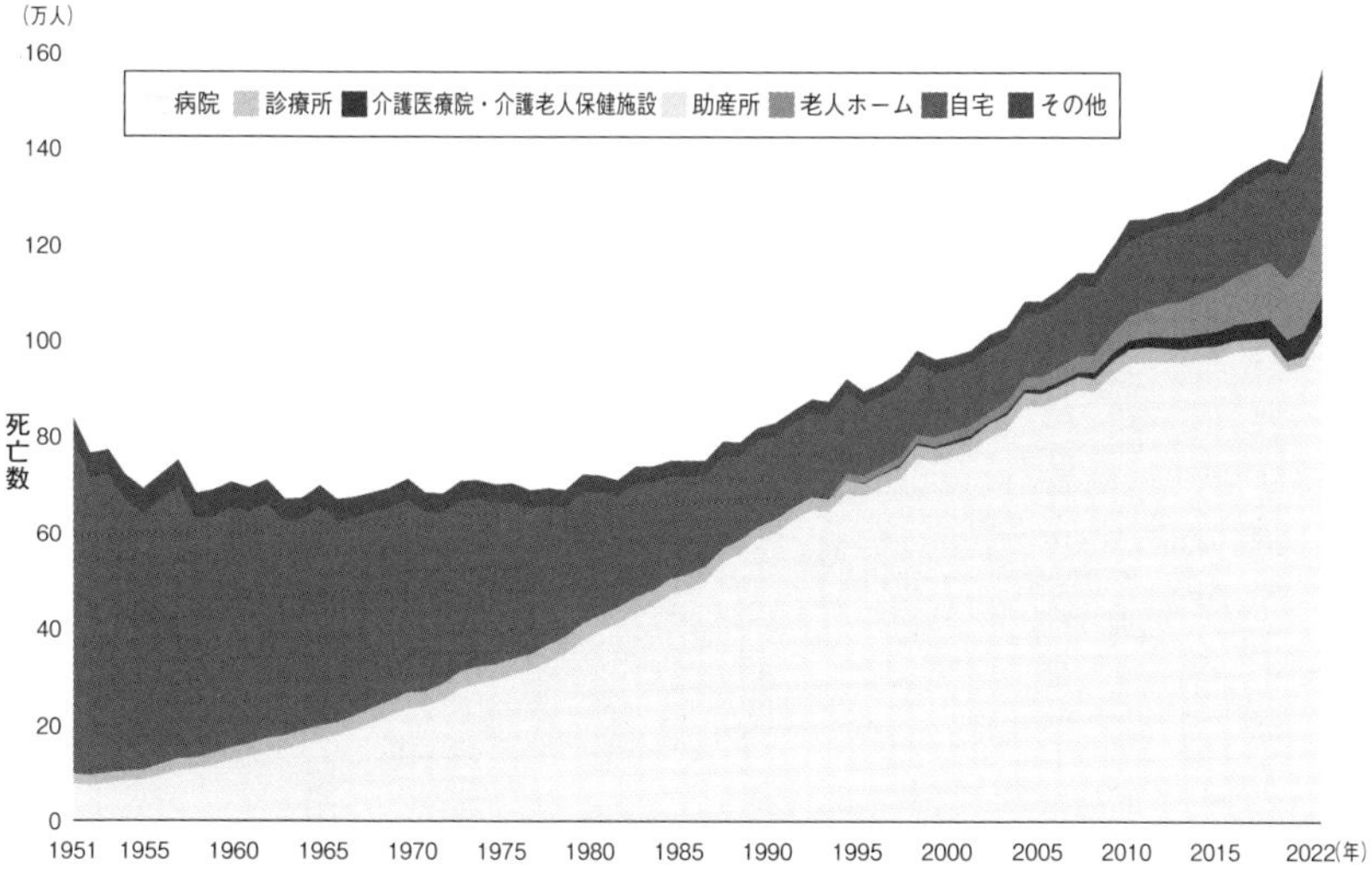

図 1-5　死亡の場所別にみた年次別死亡数（1951-2022 年）

出典：「人口動態調査」（厚生労働省 2024）より著者作成

（Sudnow 1967＝一九九二）（本書55頁、第二章「供犠の喪失」参照）。なぜなら、医療現場でなによりもまず遺体の扱いの基準としてあるものは、医学という科学的知見や、医療法であり、それに基づき合理的に対処することが求められているからである。

一方、患者側については、医師のE・キューブラー＝ロスによって、患者が自身の回復の見込みのない病状の告知から、迫りくる死の恐怖にいかに対峙し、自身の死を受容することができるかという死の過程の五段階が描かれた（Kübler-Ross 1969＝二〇二〇）。以後、医療技術の発展とともに、死の医療化についての議論が積み重ねられてきた。C・シールは、二〇世紀半ばから際立ってきたこととして、高度医療化にともなう医療現場での死の取り扱い（脳死・延命治療など）や、死を受け入れるためのホスピスケアの登場に着目した（Seale 1998）。日本のホスピス・緩和ケアにおいては、田代志門が、フィールドワークを通して「病院死の一般化」「延命治療への疑念」「死の予見可能性」という三段階を経て「死にゆく過程」が注目されてきていると説明している（田代 二〇一六：二）。これに関連するものとして、村川治彦は、医療の発展にともなう高寿命化によって、老いて死ぬまでの期間にある「死にゆく過程」の延長を問題視している（村川 二〇一九）。また他にも、藤井美和（二〇一五）が着目したように、クオリティ・オブ・ライフ（QOL）と呼ばれる老いや病気と向き合う人生のあり方、いわば死を前にした余生の質への関心の高まりがみられる。

このような死の医療化によって、死の社会学的研究では、身体・生命の死というテーマが問題化してきた。それによる変化を指摘するものとして、株本千鶴は、死の社会学が生の社会学との区別すら不明で、混同してさえいるという点を挙げている（株本 二〇一二：三〇三）。これが該当する先行研究にみられるのは、死が生の行きつく先の終点であるという、人生（ライフコース）を前提にした認識である。たとえば、大村英昭の「死の社会学」（大村 一九九六）は『ライフコースの社会学』のなかの一議論として位置づけられており、また一般社団法人日本社会学会による『社会学事典』（二〇一〇）でも同様に「生と死の社会学」というテーマが「保健医療と福祉の社会学」の一項目として扱われている（日本社会学会社会学事典刊行委員会編 二〇一〇：二九八―九）。他にも『死生学』が東京大学による二一世紀ＣＯＥプログラムとグローバルＣＯＥプログラムを通してまとめられたが「それはまず医療と人文・社会系の知との接点で求められている」（島薗・竹内編 二〇〇八：ⅰ）というように、医療技術の発展にともなう死の問題を捉えるという着眼点から生まれている。

これらの研究は、生物種としての人間の死の不可避性を自明の前提としている。人間は、肉体の死から逃れられないからこそ、死は取り上げられなければならないというのは、一見、的を射た指摘のようだが、その問い立ての背景には、死が医療化するなかで、死が科学的（医学的・生物学的）に対処する問題となっていることに注意しなければならない。その対象は、客観的に観察可能なものとして、客体化された人間の肉体であり、その生命活動である。死の医療化において、死の判断の基準となっているのは、生命活動における死の不可逆性であり、すなわち、生体から死体への不可逆的移行こそが、死を意味する。さらに、これに指摘されることは、死の医療化における時間が、現在から過去へと流れ去るのみの通時態の次元にあり、過去が現在によみがえるという共時態が否定されていることである。

ここから、死の医療化の浸透によって、死を見出し、意味づける行為そのものの意義が失われていく。こうした通時態という時間概念が強まるとともに、無形の死の側面が無意味化するがゆえに、社会学的問題意識の変容は起こる。そして、死という問題を見据えたとしても、有効となるのは、現在から未来に向けて、よりよい生き方を問うことのほうであり、そのために生の社会学への関心が高まっていく。

これまでみたように、資本主義や科学的な態度に基づく近代的変化には、死の商品化・産業化や死の医療化がある。死の商品化・産業化において、葬儀などの死者儀礼は商品として存在している。また、死の医療化においては、科学的な所見により、死は判断され、その後、法的に死体が処理されていく。どちらにおいても、死の意味という側面は希薄化し、それにかわって死をめぐる問題に合理的に対処しようとする側面が強くなっている。また、その合理的に対処される過程の時間経過は、事実の前後関係の蓄積として表されるのであり、時間の次元は通時態となっている。そこで死は歴史上の過去へと追いやられるのみである。

四　死の社会学の理論枠組みに向けて

（1）死別研究批判

しかし、これまでにみたような近代社会の死の商品化・産業化、死の医療化などの死をめぐる社会的行為の新たな展開とともに、死の意味の変容の動態を捉えることに対して、先行研究において、十分な分析枠組みの構築の試みが行われてきたとは言えない。

死の社会学という領域・テーマの研究動向については、二〇一二年に『社会学評論』で特集されている。そこで株本は、社会学という領域では、死の社会学が少数例外的なものでしかないことを挙げており「死は宗教学、民俗学、人類学、哲学、倫理学、法学、文学等、他の学問分野が扱うものとみなされ、社会学の対象として積極的にとりあげられてこなかった」（株本 二〇一二：三〇三）と指摘している。これと同様に、進藤雄三は、死の社会学という領域が社会学において必ずしも明確に学術的に認知されてきたとはいいがたく、散発的に、個別分野（医療、生命倫理、戦争、自死、心性史など）における断片的な研究がなされてきたにすぎないとしている（進藤 二〇一五：二一一）。

こうした傾向に対し、死の社会学が持つべき視座を立脚しようとしたものとして、まず、副田義也らによる『死の社会学』（副田編 二〇〇一）がある。副田は「死の社会学的考察は、死を社会的行為のひとつとみるところからはじまる」とし、その社会的行為としての死とは「他者との関連において死ぬ」ことであり「自己の死にゆく行為」や「他者が死ぬことを経験する」ことを意味するものであるという（副田編 二〇〇一：v）。これは、他者あるいは自己との死別という社会現象に着目することを、死の社会学的研究の糸口とする立場である。そして、副田らの『死の社会学』では、災害死、子どもの死別など非業の死・死別に重きが置かれつつ、その他、病死、献体、葬儀にみる自然死の事例なども含めて、広範に論じられていた。株本は、副田にならって「『死の社会学的考察』という簡潔な定義のもとに、すべての社会学の研究対象のなかで、個々の研究者がそれを死に関する行為と認める事象について行われる研究と称することで十分であると考えられる」（株本 二〇一二：三〇三）という立場を示した。しかし、こうした方法では、研究者各々が個別的な社会現象の収集家でしかなくなり、また死をめぐる社会現象としての死別も個別的事例として取り上げられるにとどまり、これらの死別を総合的に分析する枠組みや視点が示されないままとなる恐れがある。

この状況に対して理論的視点を提示するものとして、澤井敦は、社会理論から近代社会の死と死別の問題へアプローチを試みた。澤井は、ヴェーバーを援用し、合理化の進行においては世界の事象の全体が原因と結果の連鎖（因果的メカニズム）によって存在すると人々が信じるようになり、神秘的な力が存在することを否定していく魔術（呪術）からの解放の結果「生の意味喪失」だけでなく「死の意味喪失」という事態も同時に起きているという（澤井 二〇〇五：一六―八）。そして、澤井は、現代社会の死別における関係のあり方について模索するが、重要視されるのは、死の意味喪失後の世界でいかに人々によって死の意味が見出されるかという点である（澤井 二〇〇五：三八）。澤井は、こうした着眼点のもと、近代における地域共同体の弱体化により、葬儀のような死に関する伝統的儀礼がしだいに意味を失うとともに個人化が進行するなか、主体の内面的次元で、死にまつわる関係の忌避、すなわち「死を身に帯びた者に身体的に近づき、精神的に関わることに対する忌避の傾向」（澤井 二〇〇五：一六二）という意味で死のタブー化が進行していると指摘する。そして、この一方では「死を、身体の健康や環境の安全性、社会的な安全に関わる無数の心配事へと読み替えて、それにひたすら合理的に対処し続けることで、死をやりすごしていく」こと、つまりは「『リスク』に読み替え」ることが生じていると指摘する（澤井 二〇一五：六〇）。

澤井の視点は、近代的個人が主体的に死の意味を見出していく部分と、その一方で合理的に対処しようとする部分を見ようとしている。すなわち、澤井の死と死別の問題で研究対象となるのは、死別現象の当事者としての主体（たとえば、遺族や、故人との親密な関係者）であり、死別を経験する彼らの社会的行為の意義を捉えることから、近代における死の社会学的問題を明らかにしようとする。こうした企図による研究の延長に『死別の社会学』（澤井・有末編 二〇一五）はあり、死別を契機としてどのような生者と死者の社会関係が成立するのかということに問題関心がある（藤井 二〇一六）。これと同様の問題関心による研究として『サバイバーの社会学』（浜編 二〇二一）も、愛する人の喪失という死別を経た人々に着目することが研究の出発点にあるとして、戦争、災害、事件、事故、病という他者の死に直面しつつ生き残り、サバイバーとなった生者、またそこに関わる地域や、社会全体も含めながら、他者の死を抱えて共に生きる社会のありようについて問おうとしている。他にも、藤村正之は、死別を経た人々を対象に悲哀感情についての聞き取り調査を行っており（藤村 二〇〇八：一〇一―三四）「私たちはなんらかの意味で、常に誰かに先立たれ、なおかつ生存する、遺された者となっていく」（藤村 二〇二二：一六七）というように、死者と生者という関係を前提に捉えようとする。

以上を整理すると、先行の死別研究には、①死の表象から死者と生者をめぐる社会構造を明らかにしようとする、②死別における人間主体の内面に着目することから死別現象を描きだそうとする、という二点のアプローチがある。このような、主体が死や死者の意味について見出すことおよびその表象を問う視点では、結局のところ、デュルケーム以来の死の集合表象研究のアプローチと同様に、死者儀礼研究の一環として、葬儀に代表されるような死の無形の側面を取り上げることへと向かっていく。しかし、これらのアプローチでは、一方で死別の当事者にとってほとんど意味をなさず、重要ではないとみなされる死別現象を取り上げることはできない。そうした死別にも、たとえば、商品取引や法的処理のために関わる人々は存在する。要するに、先行の死別研究のアプローチの問題とは、近代社会の死の商品化・産業化や死の医療化によって拡大している新たな死別の関わり方について捉えていないことである。つまり、従来の死別研究では、死者儀礼が生み出す社会的連帯の諸相について明らかにすることが中心的であったため、死者儀礼（死の無形の側面）の撤退や喪失のプロセスに十分な注意が払われていなかったのである。

こうして、先行研究に見落とされ、捉えられてこなかったテーマが、遺品整理業の登場である。近年、遺品整理業という遺品の処理を専門に行う業種が登場している。遺品整理のような死者の所有物の物理的な後片付けは、死者当人にはできず、残された家族や、またその周囲の人々、あるいは公的手段として、行政や市場の手にゆだねざるをえない社会現象である。元来、遺品の処理は、親族や故人に身近な人々によって、行われてきたものであり、親しい間柄の人たちで遺品を配ること（形見分け）は、想像にたやすい。しかし、遺品整理業の登場は、親族だけでなく、市場が介入し、遺品の処理を行うことを示している。また、遺品整理が問題化する現代的要因として、消費社会についても考える必要がある。大量生産によって、世に商品があふれ、その商品の購入（消費）によって、所有物が増加した現代人の死に待ちうける新たな社会学的問題として、遺品整理が現れてきている（本書73頁、第三章「私的所有からみる個人化――市場・法」参照）。しかし、このような現代に特有の条件を背景に登場した遺品整理業は、死の社会学的研究という問題領域において、いまだ研究対象として扱われていない。

死別研究が遺品整理業の登場を研究対象としなかった理由は、次のような事例からうかがわれる。遺品整理業による作業事例では、注目すべきこととして、家族を依頼者とする遺品の処理がある一方で、家族が後退・撤退した処理も顕わとなる。詳細は後述（本書108頁、第四章「Cの事例〔Ⅲ〕――身寄りのない者の遺品整理（依頼者：不動産業者）」参照）に譲るが、ある作業事例では、身寄りのない人の死のあとに残された住居と遺品に対して、不動産業者が遺品整理の依頼者として現れていた。遺品整理は、たしかに死を起因とするものであり、そこに居合わせる業者もおり、ここに死別がないわけではない。しかし、喪に服す親族や身近な関係者の姿が見当たらず、死の意味が見出され、死者儀礼があるはずの死別は消えてしまっており、市場による遺品という残存物の後始末のみがあるかのようである。これこそ、近代特有の市場の論理に完結される死・死者への対処を端的に示している事例であり、ここには、死別研究が捉えられなかった死別の形式があると考えられる。また、こうした先行研究が不十分であった部分も含めて、社会が行う死への対処の全体を捉えなければ、近代社会の死の意味の変容は問えないのではないだろうか。

ここであらためて考えるべきことは、死に関する無形の側面だけでなく、有形の側面、すなわちモノのほうへとアプローチすることである。つまり、死別の過程に介在する有形のモノの処理の全体から、無形の死・死者がいかに対処されるかをみるというように、着眼点の重きを主体からモノ（客体）へと移行させるのである。それによって、モノに死が見出されているのか、それとも死が消えているかどうかを捉えるのである。本研究の独自性は、社会関係から死が消滅する過程を理論的に捉えることである。先行研究が示していた主体における死の意味喪失という実存的不安がいかに迫っているかということは、物理的世界のモノとの社会関係から死の意味がいかに消滅してしまうのかを明らかにすることで捉えられるだろう。このように、本書の死の社会学的アプローチとは、モノを介した相互行為から死別現象を捉えていくことである。

（2）死と社会秩序

死の無形／有形の両義的側面を問うことの意義は、物質世界における死の位置づけ、およびそれを管理しようとする社会の秩序のあり方を明らかにすることにある。

そうした例としてM・モースは、未開社会の社会的交換の根源に、存在のすべてに先立つ神々や死者への象徴的な返礼を見た（Mauss 1923-4＝二〇一四）（本書41頁、第二章「象徴交換」参照）。こうした神々や死者は、物理的に姿を見せることはないが、目に見えない彼らこそ、目に見える姿・形に意味を与えていたものであった。すなわち、神々や死者は、モノや出来事に意味を与え、理解可能にする神話の起源であった。同様の例として、柳田の「遠野物語拾遺」（柳田［一九五五］二〇〇四：八一―一一二）には、洪水のような災害や盲目といった病が原因で死者が出ると、死者は神として祀られ、のちに、同様の災難に見舞われた際には、彼らの祟りや仕業であると理由づけられる話がいくつも見つけられる。そこでは、また幸運に恵まれた話であっても、死者のおかげであると解釈されている。言い換えれば、社会は死者の力を借りて、象徴的に物質世界のモノを理解可能なものとして意味づけるのである。

さらに、レヴィ＝ストロースがみたように、死や死者を取り上げるうえでは、時間の次元も忘れてはならない。現在という時点から社会の存続や継続を考えるうえでは、死あるいは死者はかつてあったもの、いまや現実では見ることのできない消滅したこと・ものであり、それら過去との関係をいかに位置づけるかが問題となる。現在の生者であるわれわれ同一者の社会に対し、死者は過去にある他者であり、死者に対する社会の対処の方法について問うことは、過去から現在への時間の経過をいかに受け入れるか、という時間をめぐる社会秩序編成のあり方を問うことでもある。

本研究では、人の死を契機とする社会秩序の危機への対処の方法を死の社会的処理と呼ぶ。この枠組みを用いて、現代社会で死がどのように処理されているのかを捉えていく。そのうえで重要なのは、先に挙げた死の意味や時間の概念だけでなく、死の商品化・産業化や死の医療化のような、近代特有の資本主義や科学に基づくモノの価値や意味の合理化もふまえて、現代の死の社会的処理を捉えることである。そのために、まず、死の社会的処理の論理を問い、理論化することから議論を始めていかなければならない。そこで、本研究は、死に関わる社会現象に介在するモノの社会的交換の形式に着目する。すでに議論してきたように、物質世界において、死は、無形の側面だけでは存在しえず、無形の死が表象されるうえでは、有形の側面と一体である。こうしたことへの注意は、遺品のようなモノを含めて死を捉えようとするときにこそ、なおさら必要である。死をめぐって生じるモノの社会的交換がいかにして行われるのか、その形式を分別することによって死の社会的処理の類型を捉えていく。そして、忘れてはならないことは、モノの背後には、モノの社会的交換を統御する構造が控えていることである。なぜなら、モノに社会的な価値や意味を持たせることは、社会的交換に捧げられるための行為であるとともに、その先にある社会構造に支配され、規制された現象だからである。それゆえに、モノの交換を行う社会類型への着目も含めて、死の社会的処理の論理について考察を進めていく必要がある。

次章では、モノの社会的交換の形式を整理することから、死の社会的処理の論理を明らかにしていく。

注

（1）引用文の〔　〕は訳者による注記である。

（2）同様のものとして、九相図がある。九相図は、野にうち捨てられた死体が腐り、そのうち、虫や、野犬などにも食べられ、朽ち果てて白骨化していく様子を九つの段階（九相観）に分けて描いたものである。九相観を描く経典の日本への伝来は、奈良時代にさかのぼり、絵解きを通じてイメージが広がったのは、鎌倉時代の滋賀県・聖衆来迎寺蔵『人道不浄相図』を嚆矢として、中近世から幕末にかけてであるとされる（山本・西山 二〇〇九：三一四）。

（3）一九一八―二〇年にかけて死亡数・死亡率はともに高いが、これは世界的にスペイン風邪が流行していた時期と重なる。

（4）図1-5において、一九九四年までの老人ホームでの死亡は、自宅またはその他に含まれる。

第二章　死の社会的処理の論理

本章の目的は、死の社会的処理の論理について展開することである。そして、近代化を背景とする死の社会学的問題として、先行研究に指摘されてきた死別の悲しみについて考察していく。

死の社会的処理とは、人の死を契機とする社会秩序の危機への対処の方法である。この死の社会的処理の論理は、人の死に介在するモノがいかに扱われながら、死が対処されていくかを捉えることによって明らかになると考えられる。そこで、まず、理論的整理として、モノの社会的交換の形式を整理する。さらに、死の社会的処理の論理を整理するにあたって、先行研究が不十分であった近代における儀礼的側面の喪失や、死の意味を見出す人々の撤退のプロセスに注目するためにも、死者と関わる人々の関係の変化を類型的に捉えることが効果的であると考えられる。これには、F・テンニースのゲマインシャフトとゲゼルシャフトという相対する概念からの把握が参考になり、同時に、死の取り扱いの現状を理解するうえでも、有効であると考えられる。以上を念頭に検討を始める。

一　モノの交換形式

(1)　等価交換

マルクスとF・エンゲルスは、資本主義の台頭を前に「人間の意識が人間の存在を規定するのではない。逆に人間の社会的存在が人間の意識を規定する」(Marx and Engels [1859] 1972＝二〇〇五：二五八) といったように、資本主義社会のイデオロギーの成立構造について、下部構造(土台)である資本のもとに、上部構造である法・政治ひいては宗教・芸術・哲学(イデオロギー)が成り立つと捉えた。これは、西欧社会で支配的であったプラトンやヘーゲルのイデアリスム(観念論)にみるような思想が、人間社会の物的環境を支配するという考え方への批判でもあり、思想ではなく、資本が思想を拘束するという転換を捉えていた。マルクスにとって、モノ(客体)が主体の思想や思考に先立つと考えるとき、社会現象を捉える手段として有効なのは、モノの価値に着目することであった。そうして『資本論』(Marx and Engels [1867] 1962＝一九七二) は、その第一章で商品の分析から議論が始まる。

マルクスが商品にみた価値とは、交換価値と使用価値である。それぞれの商品は、それぞれの使用価値に応じた交換価値を持っている。「ある一つの商品、たとえば一クォーターの小麦は、x量の靴墨とか、y量の絹とか、z量の金とか、要するにいろいろに違った割合の諸商品と交換される」(Marx and Engels [1867] 1962＝一九七二：七四) というように、交換価値は、ある一種類の使用価値が、他の種類の使用価値と交換される量的関係(割合)を表す。そして、交換価値をモノの姿にしたものが、貨幣である。貨幣に基づいた商品の交換とは、たとえば一〇〇〇円のマグカップ一個を千円札一枚と交換することである。こうした経済的取引全般は、等価の取引(等価交換)である。等価交換では、売りに出される商品に付けられた数字により明瞭に示された価格が交換価値を示しており、等しい交換価値を持つ貨幣と交換することができる。ただ、資本主義社会における交換価値・使用価値に基づく商品交換の成立をみるだけでは、等価の取引というモノの交換形式の一側面を捉えるにすぎない。なぜなら、現代の社会的交換の全般を等価交換という経済的交換の形式が覆いつくしているわけではないからである。

（2）　象徴交換

そこで、等価交換に加えてみるべきものが、モースの『贈与論』の議論である。モースは、宗教、法、道徳、経済、象徴表現の諸領域に還元できない「全体的社会事実」（Mauss 1923-4＝二〇一四）を提唱する試みとして、未開社会における財物の贈与および交換に着目した。

贈与交換の謎は、与え、受け取り、返礼するという三局面が、なぜ義務として課されるのかという点である。モースは、そこで次のように言う。「贈り物を受け取ったり、交換したりすることにおいて義務が課されるのは、受け取られた物に活性があるからである。贈り手が手放してなお、それは贈り手の何ものかなのである」（Mauss 1923-4＝二〇一四：九四）。このように、贈与されたモノは贈り手を象徴しているのであり、そして、贈与の互酬性においては、贈り手に起因する霊的な力が根源的な役割を果たしているという。さらに詳しくみると、モースは、モノに取り憑いた霊（たとえばマオリ族のいうハウを例に挙げる）について、次のように説明している。「自分の生まれた場所に帰りたがっているのだ（中略）そしてもともとの所有者のところに、帰りたがっているのである」（Mauss 1923-4＝二〇一四：九七）。このように、贈与されたモノには、本来あった場所や、贈り手のほうに戻ろうとする力があることを指摘する。そして、次のように説明する。「取り憑くのをやめるのは、これらの使用者たちが、自分自身の財産やタオンガ（品物〔筆者加筆〕）や所有物によって、あるいはみずからの働きや取引によって、饗宴やお祭りや贈り物をおこない、同等のもの、もしくは価値において上回るものをお返しするときである」(Mauss 1923-4＝二〇一四：九七)。このように、モースの議論から考えれば、贈り物を受け取った人は、返礼の義務を訴えかける強迫観念から逃れるためにお返しをすることになる(こうした贈与交換の過程にある返礼への強迫観念は、一方の貨幣経済においては等価交換という形式のもと、商品の対価として貨幣を差し出すと同時に商品の交換価値へのお返しが即座に解決されるため、意識するまでもないことである)。

そして、モースは、贈り手をさかのぼったところにある本来の所有者について、次のように説明する。

人間が契約関係を取り結ばねばならなかった存在者たち、したがって、ことの定義からして、そもそも人間と契約関係を取り結ぶためにそこに存在していた存在者たち、このような存在者が最初はどのような範疇の存在者であったかと言えば、それは何よりもまず死者の霊であり、神々であった。実際のところ、この世にある物や財の真の所有者は彼らなのである。したがって、交換をおこなうことがもっとも必要である相手、そして、交換せずにいることがもっとも危険である相手、それは彼らなのであった。だが、それとは反対に、交換をおこなうことがもっとも容易であり、もっとも確実である相手、それもまた彼らだったのである。(Mauss 1923-4＝二〇一四：一一七―八)

ここで強調されるのは、過去の存在者としての死者や神々が、財の根源的な起源であることである。それゆえに、現在という時点において手にする財の真の所有者も、死者や神々なのであり、財は彼らからの贈与物なのである。

未開社会では、世界を創った超越的な存在である死者・神々が贈与交換の根源として君臨しており、現実の人々が外見上で織り成す物々交換や、婚姻なども含めた贈与交換は、そもそも死者・神々から引き出された恩恵としての贈与物を受け取り、それ以上のものか同等のものを死者・神々へ返礼するという象徴的な出来事である。つまり、贈与交換の形式では、死者・神々という第三者の審級によって、現実の二者間のモノの交換が統御されているのである。そして、ここに示されるモノを介した贈与交換の本質とは、死者や神々へ捧げる供犠（サクリファイス）の性格をもった象徴の交換である。

ボードリヤールは、このモースの議論から「象徴交換」（Baudrillard 1976＝一九九二）を論じた。ボードリヤールは象徴交換という交換形式について、次のように説明する。

> 対抗贈与における贈与の可逆性、犠牲における交換の可逆性、円環における時間の可逆性、破壊における生産の可逆性、死における生の可逆性、アナグラムにおける言語の各項と各価値の可逆性、これらは、ただひとつの大きな形式、すべての領域で同一の形式、可逆性・循環的取り戻し・取り消しという形式、である。この形式は、いたるところで、時間の線状性、言語活動の線状性、経済交換と蓄積の線状性、権力の線状性を終焉させる。それはいたるところで、われわれにたいして絶滅と死の形式をとる。それが象徴界の形式そのものである。神秘的でも構造的でもなくて、避けることのできない形式なのである。（Baudrillard 1976＝一九九二：一三）

ここで、ボードリヤールは、象徴交換が可逆性をキーワードにして、等価交換（経済交換）と相対する形式であることを説明している。

まず指摘されるのは、象徴交換では贈られるモノや、差し出されるモノそれ自体の外見、およびモノの価値が消え去ることである。ボードリヤールは「経済と言語は価値の上に成り立っており、交換価値のシステム中で頂点に達する」（Baudrillard 1976＝一九九二：二九九）として、経済や言語（記号）が、等価交換であることを説明している。価値法則に支配される近代社会のモノの身分とは、すなわち、使用価値の機能的論理に縛られた道具という身分、交換価値の経済的論理に縛られた商品という身分、コード（象徴界の父の掟）に縛られた記号という身分である（Baudrillard 1972＝一九八二：五九）。その一方で、ボードリヤールは象徴交換について「逆に価値の消去の上に成り立っており、そのことによって価値を打ち立てている禁止を解消し、父親の掟を乗り越える」（Baudrillard 1976＝一九九二：二九九）と述べる。ここで象徴交換の理論自体が、モースだけでなく、J・ラカンの現実界・象徴界・想像界をもとに引き出されていることにも注意を向ける必要がある。現実界は、けっして言語で語ることのできない客体（モノ）の場のことであり、象徴界は、言語活動の場のことであり、想像界は、人間の想像・イメージの詰まった場のことである。象徴界では、父の掟（言語活動の規範・コード）によって、相互のコミュニケーションが可能になっている。ボードリヤールは、象徴交換も象徴界での出来事であるとしたうえで「退行でも、純粋かつ単純な違反（つねに掟に依存している）でもなく、この掟の解体そのものなのである」（Baudrillard 1976＝一九九二：三〇〇）という。この部分に、ボードリヤールが強調する象徴交換の性質である可逆性が示されている。可逆性は、等価交換の線状性に対立するものである。線状性が、価値に基づく合理的な出来事の連続だとすれば、象徴交換の供犠の性格にみる可逆性は、連続的に並べることを許さないモノの象徴的な打ち消し（贈与に対する対抗贈与）であり、その性格は挑戦的で、決闘的である。モースが『贈与論』で取り上げていたポトラッチは、ここに関連しており、競覇的贈与とも呼ばれた競い合うようなポトラッチにおける財物の打ち壊しは、財物自体の使用価値や交換価値を打ち消す死者や神々への供犠であり、それによって象徴的に威厳を示すのである。そして、象徴交換の可逆性は、レヴィ＝ストロースが、共時態に指摘した過去を現在によみがえらせる時間の次元とも関係している（本書17頁参照）。可逆性は、過去を現在に引き戻し、よみがえらせる性質なのであり、つまり、象徴交換は、共時態の時間の次元にある社会的交換の形式なのである。

マルクスに加えて、モースとボードリヤールの議論から考えられることは、等価交換にみる合理的な交換形式の一方に、別の交換形式として、象徴交換があるということである。すなわち、モノの交換形式は二種類あり、一つは資本主義社会において自明のものとされる経済的交換、すなわち交換価値・使用価値に基づく線状的・合理的な等価交換であり、もう一つが、未開社会に指摘された価値の打ち消しにみる象徴交換である。また、それぞれの時間の次元は異なり、等価交換は通時態であり、象徴交換は共時態である。

そして、ボードリヤールは、象徴交換における価値の象徴的絶滅に、死という言葉を用いている。ボードリヤールは、次のように死を定義している。「死は主体や身体上の実在的な出来事として理解してはいけない。死はむしろ主体や価値という規定が消滅する形式――場合によっては社会関係の形式――として理解されなくてはならない」（Baudrillard 1976＝一九九二：二〇）。それゆえに、ボードリヤールは未開社会に典型的にみられる象徴交換が織り成す社会関係に「価値の死滅に基づく社会関係の図式」（Baudrillard 1976＝一九九二：一一）を指摘するのである。

二　社会類型と死

近代社会の死の社会的処理を明確化するにあたって、まず、象徴交換による死の社会的処理の方法について、整理していく。

ボードリヤールによれば、象徴交換に基づく社会関係である未開社会では、死の生物学的概念はなく、人の死は、象徴的に交換できなくてはならないという。ボードリヤールは、次のように説明する。「彼らは決して死を

『自然化』しなかった。彼らは死が（肉体や自然的出来事と同じく）ひとつの社会関係であり、死の定義が社会的であることを知っている」（Baudrillard 1976＝一九九二：三一六）。それゆえに、ボードリヤールは、人間の誕生と死は、生物学的な出来事ではなく、一個の社会的存在となるために加入儀礼によって部族の一員として誕生し、死者儀礼によって、あの世のような彼岸から見守る祖霊へと死者を社会的に統合できてこそ死ぬ、といった象徴的出来事として経験されるという。こうして「ひとは、自然的・偶然的・不可逆的な死から、与えられ、受けとられる死へ、したがって社会的交換のなかで可逆的な、交換によって『解決可能な』死へと移行する」（Baudrillard 1976＝一九九二：三一七）。ボードリヤールは、こうしたすべてのことを儀礼と神話のなかで進行していく戦略の本質として、象徴界が現実界と想像界の対立を解消する社会関係であることを指摘する。それは次の部分である。

> 象徴界は、概念でも、審級あるいはカテゴリーでも、「構造」でもなくて、交換の行為であり、現実界を終わらせ、現実界を解消し、同時に現実界と想像界との対立を解消するひとつの社会関係である。（中略）象徴界は、分離のコードと分離された諸項に終わりを告げるものである。それは、魂と身体、人間と自然、現実と非現実、誕生と死という局所論を終焉させるユートピアである。（Baudrillard 1976＝一九九二：三一九―二〇）

このように、社会関係のうちに交換を可能にするのが象徴界の働きである。象徴界は、現実の出来事としての死というイメージ、すなわち想像界の幻覚を終わらせる。そして象徴的秩序を再建する。

ボードリヤールは、近代以前の未開社会の死への対処の特徴として、象徴交換を捉えてきたが、近代社会においても象徴交換による死への対処を見つけることができる。

ここで、テンニースの議論が参考になる。テンニースは、ゲマインシャフト（実在的有機的な生命体（例：共同生活〕）とゲゼルシャフト（観念的機械的な形成物〔例：公共生活、世間〕）という二種類の社会類型を提示した（Tönnies 1887＝一九五七〔上〕：三四—六）。テンニースのこれらよく知られる社会類型は、そこで行われるモノの交換の形式に着目し読み直すことができる。ここから、社会類型とモノの関係を整理し、そこから導き出される死の社会的処理の類型をみていく。

（1）ゲマインシャフトは死者こそ砦

テンニースは、ゲマインシャフトを形成させる要因に、成員が志向するという「本質意志」（Tönnies 1887＝一九五七〔上〕：一六七—七三）があると指摘した。本質意志は、個人を超越したところにある一個の有機的生命であるゲマインシャフトに対する連帯への社会的衝動であり、ゲマインシャフトの成員の社会的行為は、本質的にゲマインシャフトそれ自体を志向するものである。

テンニースは、このゲマインシャフトの本質意志を成員の情意や、感覚の側面として指摘したにすぎなかった。しかし、これをモースやボードリヤールの理論に基づき、象徴交換への意志として、読み解くことができる。テンニースが挙げたゲマインシャフトの一例である親族の共同生活「血のゲマインシャフト」（Tönnies 1887＝一九五七〔上〕：五〇）とは、次のようなものである。

> 肉親は家をその場所として、いわばその肉体として所有している。人々はここでは、保護してくれる一つの屋根のもとに一緒に住んでおり、よきものの所有と享楽を共にし、特に、同一の貯えによって養われており、同一の食卓で一緒に食事をとる。またここでは、死者は、あたかもまだ強大な力を有し、家族の長を保護しながら支配しているかのように、見えざる霊としてあがめられている。（Tönnies 1887＝一九五七〔上〕：五一）

ここでは、家という空間の存在や、食事を共にするときの道具といったモノの共有とともに、そこに先祖の霊としての死者があることが示されている。これをモースやボードリヤールから読み直せば、モノを介した死者との象徴的な連帯への志向（本質意志）が、ゲマインシャフトを形成させると考えられる。すなわち、ゲマインシャフトとは、象徴交換に基づく社会類型であると言える。そうしてみると、ゲマインシャフトにあるモノは、決して使用価値に基づく道具としてではなく、死者との象徴交換のために存在する。住居という空間のもと、家財道具などは、死者からの贈り物としてあり、成員たちは、その意味を受け取り、返礼する（所有・使用する）。こうした家財道具を通した死者との象徴交換がゲマインシャフトの成員たちの生活のなかに義務づけられており、その互酬性がゲマインシャフトの社会関係を継続的に安定させる。また、このときの空間の四方を囲む住居の壁、床、天井は、象徴交換が通用する範囲を定める物理的境界でもある。つまり、ゲマインシャフトの成員をつなぎとめる要素として、モノや空間にとりついた死者の観念は、共同生活を護るいわば砦《とりで》なのである。

ここから、死の社会的処理の一つの類型を示そう。テンニースの社会類型を用いて、これを死のゲマインシャフト化とする。死のゲマインシャフト化とは、ゲマインシャフトにおける死の社会的処理の方法である。これは象徴交換に基づき、死者をゲマインシャフトの砦として、社会秩序編成の一要素へと儀礼的に昇華させるとともに、統合してしまうことである。こうしてゲマインシャフトへ死者を統合するがゆえに、死者はゲマインシャフトの住居や家財道具といった生活環境に浸透しているのである。

(2) 物象化――ゲゼルシャフトの交換原理

しかし、死のゲマインシャフト化の一方で考えるべきこととして、ボードリヤールは、資本主義社会における合理性の土台に「死者と死の排除」（Baudrillard 1976＝一九九二：三〇五）があると指摘する。その眼目は、物象化により象徴交換ができなくなることにある。

ボードリヤールは「労働力は死とひきかえに、つくりあげられる。人間が労働力になるためには、死なねばならぬ。彼はこの死を賃金という形で貨幣化する」(Baudrillard 1976＝一九九二：九五)という。この過程は、ルカーチ・Gが、物象化について「人間の機能の自己客体化すなわち商品化」(Lukács 1923＝一九九一：一七六)といったことと同様であるが、これに加えて、ボードリヤールは、労働過程のその内実に、労働者が労働力として物象化し、賃金と交換される等価物となることで、象徴交換で重要であった死を賭して自らを捧げてしまう供犠の性格が失われることを指摘している。つまるところ、物象化は、供犠すなわち象徴交換を不能にするものとして理解しなければならない。こうして、資本主義社会では、物象化によって供犠の側面が後景に追いやられ、モノの使用価値・交換価値が前景に現れている。労働者は、労働力として簡単に死なれると困るので、資本家により生かされてはいるが、死なくされた(自身の死を賭けた供犠ができなくなった)という意味で、死んでいる。こうして、ボードリヤールは「労働は、延期された死であるから供犠の直接的死と対立する」(Baudrillard 1976＝一九九二：九五)というように、物象化と象徴交換を対置させる。人・モノが使用価値・交換価値でしかなくなり、象徴的に生死を捧げることを禁止されるのであれば、その供犠を受け取るはずであった死者は、存在意義をもたなくなる。こうして供犠のない交換の輪においては、死を賭けることも、死者も無意味になるのであり、物象化を前提とした等価交換の合理性において、死・死者は排除されるのである。

また、物象化は、テンニースのいうゲマインシャフトに対置するゲゼルシャフトの交換原理として、読み解くことができる。ゲゼルシャフトには、市場や近代国家などが挙げられるが、テンニースは、これらゲゼルシャフトにおける社会的交換に「価値の同等性」(Tönnies 1887＝一九五七〔上〕：九一―五)を指摘した。テンニースは、ゲゼルシャフトでは「人々はすべて、みずから理性または客観的思惟を有し、したがって同一の尺度を使用し、同一の秤をもって量るかぎり、この客観的判断を認め、それにしたがわねばならないのである」（Tönnies 1887＝一九五七〔上〕：九五）という。つまり、ゲゼルシャフトとは、等価交換により形成される社会類型であるといえる。そして、この等価交換の前提には、生産関係における労働者を含め、あらゆるものの物象化を忘れてはならない。

死の物象化

ゲゼルシャフトでは、労働者の生と同じように、死それ自体も物象化する。死の物象化とは、人間の死の意味の客体化である。その対象となっている死は、主に人間の身体にみる生命活動の停止という出来事にみる死である。死の医療化にみたように、身体の死は、生き返らないこと、復活しないことといった死の不可逆的性質をよりどころにして、定義される。また、この生物学的死・医学的死（死体にみる不可逆的機能停止から判断される科学的死）の判断をもとに、死亡診断書（死体検案書）や死亡届が作成され、法的死といったかたちで社会的事実としての死が確定する。[1] この種の死が取り扱われているものとは、すでにみたとおり、官公庁の死亡統計である（本書21頁、第一章「死の医療化」参照）。死亡統計において、死は一件ごとに数え上げられ、死因や死亡場所などの組み合わせ次第で集め直すことができる量的データである。これらの物象化した死は、もはや貨幣と同様に、交換可能な一般的等価物である。こうして、死は物象化することで、合理的にゲゼルシャフトの各部組織構造を渡りゆく。また、死をめぐる出来事として、死者儀礼の物象化（たとえば葬儀の商品化）も、ゲゼルシャフトが死の社会的処理の担い手として介入するための条件である。ある葬儀社のカタログ（二〇二二年に配布のもの）を見ると「家族葬小ホールプラン」（二九・八万円）として、葬式会場の使用料、祭壇、生け花、棺、遺影写真、葬儀社のスタッフなどの葬儀一式が販売されており、また追加料金によるオプションのサービスとして、葬儀社スタッフによる納棺や湯灌を販売している。このような死者儀礼の商品化にみるように、ゲゼルシャフトでは、物象化したものごとの採用とその演算によって、死の社会的処理が遂行されることになる。つまり、物象化は、ゲゼルシャフトにおける死の社会的処理の原理なのである。

ここから、ゲゼルシャフトにおける死の社会的処理の方法として、死のゲゼルシャフト化を示そう。死のゲゼルシャフト化とは、死それ自体の物象化を含め、死の処理に関わるあらゆることの物象化・商品化を前提として、死や死者の処理を合理的な等価交換にみる取引によって解決していくことである。

（3）死のゲマインシャフト化／ゲゼルシャフト化

これまで、テンニースのゲマインシャフトとゲゼルシャフトが、交換形式の差異によって区別できる社会類型であることを整理してきた。これら社会類型におけるモノの交換形式と、死の社会的処理におけるモノの交換形式を照らし合わせることによって明らかになった死の社会的処理の類型を表2-1に示した（藤井二〇二二）。

死のゲマインシャフト化は象徴交換に基づいており、その一方で、死のゲゼルシャフト化は死の物象化および等価交換によって達成される。また、死の社会的処理に対応する死の類型も次のように示される。一つは、ゲマインシャフトの象徴交換（供犠）のなかで意味を持つ死（価値の象徴的絶滅）であり、もう一つは、ゲゼルシャフトにおける物象化した死である。

そして、死の社会的処理の両類型は、モノの交換形式の差異により統合することなく、並存している。その差異の見極めと混合の状態を紐解くことから、死に関わる社会現象は、分析されなければならない。N・ルーマンは、テンニースのゲマインシャフトとゲゼルシャフトの区別について、この区別は構造的なものであり、時代の新旧ではなく、類型の区別、伝統的な全体社会構造と近代的なものとの区別であるとして「分析の対象となるのは、現在における両者の混合状態なのである」（Luhmann 1997＝二〇〇九〔2〕：一三九一）という。このルーマンの視点のよ

表 2-1　死の社会的処理の二類型

	死のゲマインシャフト化	死のゲゼルシャフト化
社会類型	ゲマインシャフト	ゲゼルシャフト
処理の論理	象徴交換	物象化および等価交換

うに、死のゲマインシャフト化と死のゲゼルシャフト化は、現代の死別の場面における死の社会的処理の混合状態の分析に対し、その意義を発揮する。すなわち、死の社会的処理は、われわれの社会関係における死・死者の取り扱いにおいて、供犠の側面と経済的側面を分別し、考察する枠組みなのである。(2)

テンニースが、ゲマインシャフトとゲゼルシャフトという二つの社会類型を論じるなかで、ゲマインシャフトの衰退を論じていることは確かであり、それによって両者が単純に前近代から近代へという歴史的展開の区別であると認識されることもある。たしかに、C・クーリーの第一次集団・第二次集団や、高田保馬の基礎社会・派生社会といったものと同様、順序、段階、移行といった社会類型の発展についても論じている。しかし、モノの交換形式に着目すれば、ゲマインシャフトとゲゼルシャフトは、発展や歴史的展開という直線的な移行を前提にした類型ではなく、現代の同時点において並存し、対立する社会類型であると読み直すことができる。これは、クーリーや高田の社会類型論との重要な違いである。

また、他の社会類型論には、R・M・マッキーヴァーが、コミュニティ／アソシエーション／国家に区分したものがある。だが、このマッキーヴァーの社会類型とテンニースの社会類型の区別は、同様ではないことにも注意を向けておく必要がある。たしかに、マッキーヴァーのコミュニティが意味するのは、ゲマインシャフトと同じく共同生活である。マッキーヴァーは、コミュニティに「共通の諸特徴――風習、伝統、言葉使い」(MacIver 1924＝二〇〇九：四六) を挙げており、都市や、民族や、部族を具体的なコミュニティとみなしている。他方、アソシエーションを「社会的存在がある共同の関心〔利害〕または諸関心を追求するための組織体〈あるいは〈組織される〉社会的存在の一団〉」（MacIver 1924＝二〇〇九：四六）と定義している。なお「アソシエーションは部分的であり、コミュニティは統合的である」（MacIver 1924＝二〇〇九：四七）というように、コミュニティ概念は、多数のアソシエーションをその内部に抱き、全体を包括していると理解されなければならない。つまり、コミュニティの下位分類としてアソシエーションはある。また、マッキーヴァーは「コミュニティとアソシエーションの両者は、慣習、伝統、容認された行動様式に関しては統一体とみなされ」（MacIver 1924＝二〇〇九：四五〇）るというように、いわば両者の差異は、不明確にもなることも認めている。それでも、アソシエーションのみにあてはまる属性について、次のように説明している。「アソシエーションはわれわれがそれにいかなる実体を帰属させようとも、完全な生き身の存在ではないし、またそれ自身の存立のための場所を必要としない。（中略）アソシエーションは現実にそれ自身の内部に属する目的や遂行を持っていない。その目的は常に仲介的である」（MacIver 1924＝二〇〇九：四五一）。すなわち、アソシエーション概念は、主体であるコミュニティの目的の達成や利害関心を支える仲介役である。だが、これ以上の説明はなく、モノの概念およびそれらの価値や意味の関係を含めて、アソシエーションが論じられることはなかった。ちなみに、マッキーヴァーがコミュニティとアソシエーションとともに論じる「国家」には、法の契約、貨幣制度、産業全体の統制の機能が示されている。しかし「国家はそれ自体アソシエーションのなかの一つにすぎないが、それでいてアソシエーションの全体を整合する機関であるものと思われる」（MacIver 1924＝二〇〇九：六八）というように、国家は市民の利益を保全する専門的な一つの機関として認識されているが、アソシエーションの域から出るものではない。こうしてアソシエーションが「〈コミュニティの一器官〉」（MacIver 1924＝二〇〇九：一五四）とも示されていることも考慮して、マッキーヴァーの社会類型を図式化すれば、コミュニティの内部でこまごまとしたアソシエーション（国家を含む）が組織されているものとみなすことができる。すなわち、コミュニティは社会集団の全体であり、主体であって、集団の方向性の判断は、コミュニティがもつ。そして、コミュニティに内在する道具のような専門的組織としてアソシエーションはあるにすぎず、アソシエーションという装置をいかに機動させるか否かは、つねにコミュニティが判断する問題なのである。このように、マッキーヴァーはコミュニティを集合全体の基礎としてみているがゆえに、コミュニティの衰退・撤退やその要因について論じることはなかった。

またコミュニティとアソシエーション、ゲマインシャフトとゲゼルシャフトとの差異について、マッキーヴァーはモノへの着目がなく、価値についてほとんど論じておらず、交換という側面を重視していなかった点が挙げられる。これに対して、橋本和孝によれば、テンニースは、マルクスの『資本論』を読み、理論的影響を強く受け、ゲマインシャフト解体の要因にゲゼルシャフトの商品交換（等価交換）の浸透を見通していたという（橋本 二〇二一：七）。こうしたことからも、テンニースはマッキーヴァーにはないこととして、交換への着目を糸口にゲマインシャフトを脅かす存在としてゲゼルシャフトを捉えていたと考えられる。すなわち、モノへの着目の有無が、マッキーヴァーとテンニースの枠組みに差異を生じさせている。こうして、社会類型の特徴を整理したところを合わせてみても、先行研究が不十分であった死別における家族や親密な関係の撤退といった変容を捉えるうえでは、ゲマインシャフトとゲゼルシャフトという枠組みから捉えることが有効なのである。

三　死別の悲哀

現代社会における死別の問題に対しては、これまでみてきたモノの交換形式の差異による死の社会的処理の不達成について考える必要がある。『死別の社会学』（澤井・有末編 二〇一五）では、死別を経験した人々の社会的行為に着目し、死別という喪失（loss）経験について悲しみ（悲哀）をキーワードに悲嘆（心理的・感情的側面）と哀悼（社会的に規定された実践）のつながりから捉えようとしていた（澤井 二〇一五：一七―二一）。これに対して、本書が提示するモノと死をめぐる社会的交換とそれに対応する社会類型に関する知見を活用すること、すなわちゲマインシャフトとゲゼルシャフトの死の社会的処理の差異に着目することから、現代社会の死別の悲しみをめぐる問題を捉え直すこととする。

（1）供犠の喪失

先行研究の多くが近代的死別の変容として取り上げていたのは、死のゲゼルシャフト化が進展する側面であった（本書18頁、第一章「死の近代的側面――モノと死の意味の変容」参照）。Ph・アリエスは、病人が自宅から病院へと移送され、そして死を迎えると葬儀業者が葬儀の準備を進めていくような医療化および工業化の進む都市の看取りの態度を取り上げ「社会はもはや中断を置かない。すなわち一個人が死んでも、それによって社会の連続性はもう損なわれない。都市では、誰ももはや死なないかのように一切が推移する」（Ariès 1977＝一九九〇：五〇二）と述べた。ここに指摘されたことと全般に共通することは、死別や看取りの過程における死の物象化による死者儀礼の喪失である。

たとえば、病院で死ぬとき、死の判断基準は生物学的死であり、医師の判断によって死が確定する。この死の医療化に関して、I・イリイチは、死に瀕した患者が、医師や、高度に専門化した医療技術によって、最大限に余命が引き延ばされるかわりに、患者自身や遺族らが死ぬという行為に主体的である権利を失っているとして「機械的な死がすべての他の死を征服し、破滅させたのである」（Illich 1976＝一九九八：一六二）と指摘した。医療システムによる徹底した看取りの管理は、日本での新型コロナウイルス流行初期における感染者の看取りにおいて顕在化した。感染拡大を防ぐため、遺族であっても病院に収容された患者への見舞いは一切できず、遺体への接触も禁止された。遺族が病院から戻ってきた死者と再会するのは、遺灰となったあとであった。この種の実際の例として、コメディアンの志村けんの死（二〇二〇年三月二九日没）は、国内に広く報道され、当時いち早くこの感染症の危険性を世間一般に知らしめると同時に、感染拡大を防ぎ、医療システムの崩壊を防ぐという大義のもとで、親密な関係者のうちで看取ることが許されなくなったことも示した。この事例にみられるのは、死に瀕する患者とともに、親族も死を受け入れ、意味づける死者儀礼の機会が制限され、そのかわりに死を管理する手続きと、その実行者である医師という専門家によって、患者はますますとり囲まれ、親族は引き離されるようになっていることである。

そして、患者の死後は、法的手続きへと向かうために、医師により死亡診断書が書かれ、行政に提出される。行政手続きでは、死亡後二四時間以上の経過が確認されてから、遺体の火葬・埋葬の許可が下りる（「墓地、埋葬等に関する法律」による）。それまでのあいだの病院における遺体の取り扱いについて、サドナウは、アメリカでの病院への参与観察に基づくエスノグラフィーのなかで「一般的に言って、ほとんどの看護助手や補助員たちは死体を丁重に扱わない。シーツで包むために死体の向きをひっくり返すときなど、死体は荒っぽく転がされる。そこには生きた人を回転させる時に見られる丁寧さはまったくない」（Sudnow 1967＝一九九二：一三五）と描写している。また大江健三郎の「死者の奢り」（大江［一九五九］一九八七）では、医学部の解剖用死体洗いのアルバイト作業員が描かれているが、そこで収容されてくる見ず知らずの人間の死体は、解剖資料の物体としてのみ扱われる。

こうした死の科学的・法的管理の過程において、死亡届や死亡診断書にある死亡者の住所・氏名・死因などの情報は、増加の一途をたどるというように、死のゲゼルシャフト化という合理的対処の過程で、物象化され、集められた死に関する情報は、データベース化される。死亡統計の例に表されるように、人の死は、日々蓄積される死亡統計の一つの足しになる。年齢や死因も、ことごとく分類され、年代ごとに並べることのできる過去の記録と化す。こうして、日々、何千人単位で追加され続ける日本の死亡統計の資料は、喪と関係のない次元で膨張している。

また、同様に、死者儀礼の商品化では、葬儀業者は葬儀だけでなく死亡届の代筆を含め、あらゆる死後の手続きを円滑にすることを商品として提供している。資本主義社会では、企業の目的は第一に利潤の追求であって、そのために商品を生産し、売却することによって資本を回収し、獲得した資本からまた新たな商品の開発と売却へという一連のサイクルの加速によって生産性を高めている。葬儀が商品となる場合、葬儀のサービス内容は使用価値であり、価格は交換価値である。葬儀に介入する業者にとっては、商品の売却から資本の回収という一連の取引ができればよいのであって、葬儀にあるはずの死者儀礼の意味は後景に退く。この合理的で、軽薄な関係者となる運命から逃れられない葬儀業者の負い目の一方で、商品取引を目的とする死の商品化の情報は、広告によって広く発信され続ける。死の商品化とともに、それらの広告に触れることは、資本主義社会ではありふれた出来事である。

死亡統計や、死の商品化における広告のような死に関する情報は、ゲゼルシャフトの交換原理である物象化によって増加する。そして、さらに高度情報化社会へと移行するにしたがって、死の情報との対峙は増加する一方となる。T・ウォルターは、オンラインのソーシャルメディア上で、有名人や、知人の死の情報との相互作用がいつでもどこでも可能になっている状況を「拡散する死」（Walter 2017＝二〇二〇：一六四）と呼んだ。ＹｏｕＴｕｂｅなどの動画配信サイトの登場や、スマートフォンの普及などで、誰でも映像の撮影・共有が可能になった現代では、インターネット上に死に関わるあらゆる情報が、音声、文字、画像、映像などの姿で現れるとともに、日々アーカイブされていく。検索すれば、マス・メディアの情報だけでなく、一般市民がアップロードした本物の死体が映っている写真どころか、殺人や自殺の瞬間を捉えた映像でさえ見つけられる。そして情報発信の応酬によって、加速度的に死の情報は増加し、拡散していく。

澤井は、メディアが形成する情報環境を事例に「情報としての死」（澤井 二〇二〇：八―一一）について論じている。情報としての死は、さまざまなイメージをもたらすが、澤井がこれらを「死のガイドライン」と呼んで指摘することは、情報としての死が「視聴者に報道対象との同一視を誘い、結果的に、死や死別に際してのあるべき受容のあり方や行動様式を教示するような情報」（澤井 二〇二〇：一〇）だということである。

また、こうした情報をめぐる相互作用においても、注意深くみるべきは、モノの交換形式である。D・J・ブーアスティンは、マス・メディアの普及と技術革新のさなかに現れる映像や写真によるイメージで構成される「合成的な新奇な出来事《イベント》」を「擬似イベント」と呼んだ（Boorstin 1962＝一九六四：一七）。ブーアスティンは、擬似イベントが現実とは別の表象物だとしても「われわれは、幻影にあまりに慣れきってしまったので、それを現実だと思い込んでいる」（Boorstin 1962＝一九六四：一三）という。マス・メディアという技術的組織に作り上げられる擬似イベントに対し、ボードリヤールは次のように読み解く。

> それは、矛盾に満ちてはいるが現実的で流動的な経験から生まれたのではなく、コードの諸要素とメディアの技術的操作にもとづいて人工物として生産された出来事や歴史や文化や観念の世界である。このような事態だけがすべての意味作用を消費可能なものとして定義する。マス・メディア的消費を規定するのは、実在系をコードで置きかえるこの手続きの一般化なのである。（Baudrillard 1970＝二〇一五：二〇八）

たとえば、デジタル・ディスプレイの画面越しに見る死に関する情報は、0と1による合理的計算によって点滅する光が作り出した表象物であるが、そこではボードリヤールがいうように、表象物がさらに何ごとであるかの意味を指示するコードに支配された記号の姿をしていることに注意しなければならない。死に関する情報は、言語や図像、映像がなくては伝達できないが、それらが情報環境で意味を持ち、交換可能なとき、死はコードに支配される記号化した死としてである。このように、情報環境は死を記号へと変え（死の記号化）、コードが支配する構造のなかでの交換を可能としていく。こうして情報環境は、死を物象化し、象徴交換を追放する。こうしてみれば、情報環境もゲゼルシャフトと同じ等価交換の論理による社会的行為の場となっていることは明らかである。

小林直毅は「ワイドショーのようなテレビ番組における死についてのメディア・テクストでは、遺族や近親者のディスクールによって、第二人称の死をちらつかせながらも、結局は、遺族という生者が語るところの、オーディエンスにとっては第三人称の存在の死が表象されることになる」（小林 一九九九：一五二）という。ここで言われている人称態の死とは、V・ジャンケレヴィッチによって指摘されたものであり、簡潔に言えば、第一人称の死が私の死であり、第二人称の死があなたの死（身近なものの死）であり、第三人称の死が誰かの死である（Jankélévitch 1966＝一九七八）。小林がいうように、マス・メディア上で、第二人称の死が表象されず、第三人称の死の情報と関わることになるのは、マス・メディア上にある死の情報が、ある種の典型的な死のモデルとして置き換えられた死の記号だからである。これにはさらに、典型的な弔いの態度が応答する。W・リップマンは、情報環境が作り出す典型的な人やモノのイメージをステレオタイプと指摘したが（Lippmann［1922］1954＝一九八七）、このステレオタイプも、コードに支配された記号の構築物であると読み直すことができる[3]。こうして現れるのが、情報環境における典型的態度というような社交辞令的対処としての弔いのステレオタイプである。たとえば、有名人の死去の報道があれば、弔いのステレオタイプともいうべき弔いの言葉の発信がインターネット上にあふれかえる。こうしたことに考えるべきは、情報環境の言語や画像の外面性によって演じられる記号的な死をめぐる情報の応酬の過程で、第二人称の死に含意されていた、親密な関係者のあいだにあったはずの象徴交換が覆い隠されてしまうことである。

こうしたことの反動として、ゲマインシャフトでは、ゲゼルシャフトの記号的死が死のポルノグラフィーとして、恐るべき忌避感を持って受け入れられることとなる。G・ゴーラーは私的な興味関心・興奮のために、死にまつわることがわいせつ物のように用いられるようになることを死のポルノグラフィーと呼んだ（Gorer 1965＝一九八六：二〇三―二一二）。ゴーラーは、死のポルノグラフィーについて、予防医学の発達により、若者の自然死が稀になってきた一方で、横死（災害や事故、戦争や抗争などによる不慮の死）をとげるリスクを考慮しなくてはならず、通奏低音のように死への好奇心にそそられていると説明する（Gorer 1965＝一九八六：二〇九）。この死のポルノグラフィーは、G・バタイユが指摘したエロティシズムとは異なることに注意しなければならない。バタイユによれば、生物学史上、生物が有性生殖を選択したときに避けることができないものとなったものこそ、個体の死であり、エロティシズムはこうして人類に死が運命づけられるとともに生じたものであるという。なぜなら「エロティシズムとは、死におけるまで生を称えること」（Bataille 1957＝二〇〇四：一六）というように、個体が死に直面することによってほとばしる生への賛美が、エロティシズムを喚起する根本的な要因だからである。そして「死は存在の連続性を露に示すということだ」（Bataille 1957＝二〇〇四：三六）というように、死んでいくものと生きていくものとのあいだで起こる象徴的な融合が重要なのである。つまり、バタイユが指摘する死の魅惑としてのエロティシズムは、生の賛美の供犠に捧げられる個体の死から生じるのであり、象徴交換の形式において存在する。しかし、ゲゼルシャフトでは象徴交換は追放されているため、エロティシズムも記号的なエロティシズムとしてしか存在しない。それゆえに、ゲマインシャフトに対して、露骨な外面性を有す記号的な死の情報は、エロティシズムへと昇華することはなく、象徴交換を抑圧する不快さをかけもつ、わいせつ物のポルノグラフィーへとなり下がる。ゴーラーは「現代における死のポルノグラフィーを忌み嫌うのなら、私たちは死――それも自然死――に対して再び葬送のパレードを認め、かつてのような公開性を再び与え、死別の悲嘆と哀悼とを再び許容しなければならない」（Gorer 1965＝一九八六：二一二）といったが、つまるところ、死のポルノグラフィーには、ゲゼルシャフトを前にして思い届かぬ、死のゲマインシャフト化の不達成を考えなければならない。これこそゲマインシャフトに起こる死別の不条理の原因として議論すべきものである。

（2）　死別のアノミー

ゴーラーは、一九六〇年代のイギリスで葬列が廃止され始めるなど、死者儀礼が公の場から秘匿されることをみた（Gorer 1965＝一九八六）。アリエスは、ゴーラーを引用し、死者儀礼にみるような死の表象行為が公の場ではタブーとなり、見えなくされるという「死のタブー化（死の隠蔽）」（Ariès 1977＝一九九〇）を論じた。これに起因することとして、浅利宙は、公的な場での死の隠蔽の進行の反動として、その集団としての統合性が上昇する家族のうちで、なおさら死が問題となっていると指摘している（浅利 二〇〇一：七二）。アリエスが論じていた死のタブー化の本質には、これまでに整理してきたようなゲゼルシャフトにおける死の物象化に起因する供犠の喪失を考えなければならない。それゆえに、その反動がゲマインシャフトに表れることについて、次にみていく。

ゲゼルシャフトにおける死のタブー化に対してゴーラーが着目していたことは、ゲマインシャフトにおいて遺族が死者を遺品に見出すという儀礼的行為である。ゴーラーによる遺族への聞き取りでは、次のような様子が描かれている。

「家は当時のままです。これだってそうです。夫はいつもこれをそこに置いておき、夜の散歩に出る時には、犬がそれを持って来るのが常でした。夫のパイプもまだあちらにありますし、彼の眼鏡も、補聴器も、タバコもそうです。義理の兄弟が夫の服をみんな片付けてくれと言うのですが、私にはできませんでした。何としても、まだできません」（Gorer 1965＝一九八六：一二八）

このようにゴーラーが取り上げるのは、故人が残した遺品の姿をそのままに、家を社《やしろ》のように保ち、それによって故人に対する思慕を抱き続ける遺族である。だが、この遺族の遺品を通じた私的な死者儀礼のあり方の内実に注意しなくてはならないことは、ゲゼルシャフトで行われる死者儀礼への不信感や、その無意味さに直面していることである。それは次の例に顕著に示されている。

「ひとたび死体が火葬に付されたり、埋葬されたりすれば、体がなくなってしまう以上、それで終わりなんだと思います。故人の思い出をよりよく保持できるのは、実際に埋葬されている場所よりも、家においてだと思います。（中略）馬鹿気ているでしょうが、私はいつもクリスマスに、アザレアとか何かそういった花を妻へのプレゼントとして買うのです。妻がまだ家にいるような気がするもんですから」（Gorer 1965＝一九八六：一二四）

ここでも、遺族が、遺品に死者を意味づけている様子が捉えられているが、さらに、宗教的葬送儀礼よりも、家で遺品に囲まれていることのほうが、遺族は死者との経験の情景を思い出し、死者との関係を強く意識することが示されている。内堀基光は、遺品が墓石や仏壇などとは違い、死の表象であるという文化的な特定性は弱いとする一方で、遺品からは死者の経験したであろう出来事や情景が思い出されることを指摘する（内堀 一九九七：八七）。すなわち、ゴーラーの例のように、遺品を残し、家を社のように保っているのは、家庭外の公的空間（ゲゼルシャフト）での死者儀礼の形骸化、すなわち商品として物象化し、記号と化した死者儀礼の無意味さへの抵抗の表明である一方で、死者との象徴交換が可能なのが死者の残した遺品だけだからである。同様のこととして、大村も、制度宗教に位置づけられない手元供養や、遺族が写真や遺灰のペンダントを形見として持ち続けるような儀礼的行為を「鎮めの文化」（大村 一九九七）として取り上げている。このような遺族が遺品を所有することに対する社会的意義についての研究は、以後、蓄積されている（池内二〇〇六、Gibson 2008）。

一方で、ゴーラーは、遺族が遺品に死者の意味を見出すことの意義を感受できず、哀悼の拒絶によって起こる遺品の破壊・毀損の例も示している。ゴーラーは、それをバンダリズムと呼び「自分たちを見捨てて死んで行った者に対する怒り」（Gorer 1965＝一九八六：一八〇）の表出であるとともに、哀悼儀礼を通して遺族を支援することのない社会に対する適応不良の神経症的反応であるという（Gorer 1965＝一九八六：一八一―二）。これは、遺品にも死者儀礼の無意味さに直面する遺族の姿であり、すなわち、遺品を介した死のゲマインシャフト化の不達成にさいなまれる遺族の姿である。そして起こる遺品の破壊とは、J・アタリによれば、死者から贈与された遺品を受け取ることができないのなら、遺品を破壊して、象徴交換の強迫観念から解放されようとする象徴的解決の表れなのである（Attali 1988＝二〇一四：三八）。

こうしたゲマインシャフトの死別の悲しみをめぐる問題は、死の社会的処理において象徴交換と物象化および等価交換という相反する論理が並び立つことによって、生じている。近代社会における死の社会的処理は、この二重の視角の板ばさみとなり、そのあいだで揺り動かされ、悩まされる。ここに、近代社会の死の社会的処理のアノミー（無規制状態）がある。遺族は、象徴交換に基づく死のゲマインシャフト化を行おうとする一方で、物象化に基づく死のゲゼルシャフト化の介入のつど、象徴交換の不可能性に直面する。すなわち、ゲゼルシャフトを前にして、死のゲマインシャフト化を企図することは、むなしくあがいているかのようなありさまとなってしまう。このように、死別の悲しみの本質は、象徴交換ができないことにある。ゲマインシャフトの成員は、物象化したゲゼルシャフトとともに生きるなかで、死のゲマインシャフト化の困難を抱えて生きる。これがゲマインシャフトとゲゼルシャフトの合間にある死別の不条理である。この状況に対して、たとえば、グリーフケアが遺族の長く続く悲しみとの向き合い方を提案するものとして、現れてくる。島薗進が、グリーフケアが「他者と悲嘆を分かち合う機会」（島薗 二〇一九：四二）となっているというように、そこでとられる方策は、死別の悲嘆を象徴的に共有する関係を築くことである。

死別の近代的極限へ

これまでみてきたことから指摘できるのは、近代で興隆する死のゲゼルシャフト化の一方で、死のゲマインシャフト化が抑圧されていることである。死別の悲しみをめぐる先行研究の視点は、本章で明らかにした近代社会に内在するゲマインシャフト側の動揺を捉えていた。その一方で、ゲマインシャフトの死別の悲しみの外的要因であるゲゼルシャフトと死の物象化の関係は、先行研究では十分に捉えられていなかった。しかし、現代における近代化の側面を問うのならば、いまだ捉えられていない、さらなる死のゲゼルシャフト化の進展についても見逃してはならない。そこに考えられる近代化の極限的状況は、ゲゼルシャフトの覇権によるゲマインシャフトの完全な撤退である。このゲマインシャフトの撤退という事態に、ゲゼルシャフトが個人の死を取り扱うことは一体何を意味するのか、といった問いのもと、死のゲゼルシャフト化という近代的側面の進展を追っていくことこそ、死の社会的処理の近代的極限を明らかにすると考えられる。ここに、さらなる死のゲゼルシャフト化の動向をみていく意義がある。次章では、この点について、単独世帯化という家族の変容を捉えながら、検討を行う。

注

(1) デュルケームは『自殺論』(Durkheim 1897 = 一九八五)で、社会的自殺率の偏りに着目し、自殺の原因にある社会規範の欠如/過剰、あるいは社会統合の欠如/過剰を明らかにした。ここでデュルケームは自殺にみるような死を社会関係の変動を原因とした出来事の一結果、統計可能な指標としてのみで扱っているにすぎない。それは、自殺論が『社会学的方法の基準』で示した「社会的諸事実を物のように考察すること」(Durkheim [1895] 1960 = 一九七八：七一)に基づく調査方法に則したものであるからだといえよう。死を測量可能なものにするために定式化された自殺者数とは、死の物象化の一例である。自殺論では、死は一出来事それ以上に扱われていない。むしろデュルケームの関心は、自殺へ導く社会的規律や規範のほうにあった。

(2) ヴェーバーも、テンニースの語句を用いてゲマインシャフト関係(共同社会関係)とゲゼルシャフト関係(利益社会関係)に分けることで、それぞれの社会的行為の差異を論じ、その理解を試みている。ヴェーバーの場合、ゲマインシャフト関係を「メンバーの主観的(感情的或いは伝統的な)一体感に基づくような社会的関係」(Weber 1922 = 一九七二：六六)、ゲゼルシャフト関係を「合理的(価値合理的或いは目的合理的)な動機による利害の均衡や、同じ動機による利害の一致に基づくような社会的関係」(Weber 1922 = 一九七二：六六)と呼んだ。中野敏男によれば、ヴェーバーは、基礎カテゴリーとして「ゲマインシャフト行為(Gemeinschaftshandeln)」という概念を規定しているという(中野 二〇二〇：一三七―八)。中野は、ヴェーバーの理解社会学について「この学問は、実は、経済や法におけるこのような事態を『近代化』としてではなく、『物象化』と捉えて問題化している」(中野 二〇二〇：二一二)と説明する。そして「『当人の主観』における『意味上の関係づけ』に関心を寄せて『行為』を捉え、それを研究対象にしている」(中野 二〇二〇：一三八)と説明したうえで「ゲマインシャフト行為とは、何かの共同体というよりは、他者の行動に関係づけられる個人の行為そのものを指しており、それはまたゲゼルシャフト行為を包含する上位概念であって、ゲマインシャフト行為が『制定された秩序(gesatzte Ordnung)』に準拠して行われる特別な形になる場合にそれを『ゲゼルシャフト行為(Gesellschaftshandeln)』と呼ぶとされている」(中野 二〇二〇：一三九)という。しかし、どちらにせよゲマインシャフトの関係や行為に対して、供犠の性格や象徴交換は、まだヴェーバーには、見出されていない点であった。

(3) リップマンによれば、ステレオタイプとは「自分自身の価値、地位、権利についてわれわれがどう感じているかを現実の世界に投射したものである。（中略）それはわれわれの伝統を守る砦《とりで》であり、われわれはその防御のかげにあってこそ、自分の占めている地位にあって安泰であるという感じをもち続けることができる」（Lippmann［1922］1954＝一九八七〔上〕：一三一―二）という。こうして高度情報化社会に予見されていたことは、情報環境の記号によって作り上げられたステレオタイプが、現実の生活の指針や規範として機能することであった。

第三章　現代社会の死・家族・所有物

本章は、近年の世帯動態を整理することから、家族や個人の所有物に起きている近代的変容を明らかにし、現代的死の社会的処理の傾向を捉えることを目的とする。ここで挙げる世帯動向の資料で注視すべきことは、近代化の進展により、ゲゼルシャフトの論理の浸透が生活環境の変容にいかに表れているかについてである。

一　家族の現代的変容——単独世帯化

近代的な制度として、死にまつわる諸手続は、家族に割り当てられてきた。波平恵美子は、日本において遺体の所有権・処分権は、法的な議論の対象にならないほど、死亡した人の家族がその処分権を持つと考えられ、実践されていたという（波平 二〇〇五：二二—九）。そして、このことに矛盾なく、民法も、家族を相続者として位置づけている。フランス革命の基本原理に依拠したナポレオン法典は、私有財産制度の対象を特定の誰かではなく、家族に定めた。これに倣い、日本の財産法は、相続するのは家族であると定めている。これが現状の家族制度をつくっていく。

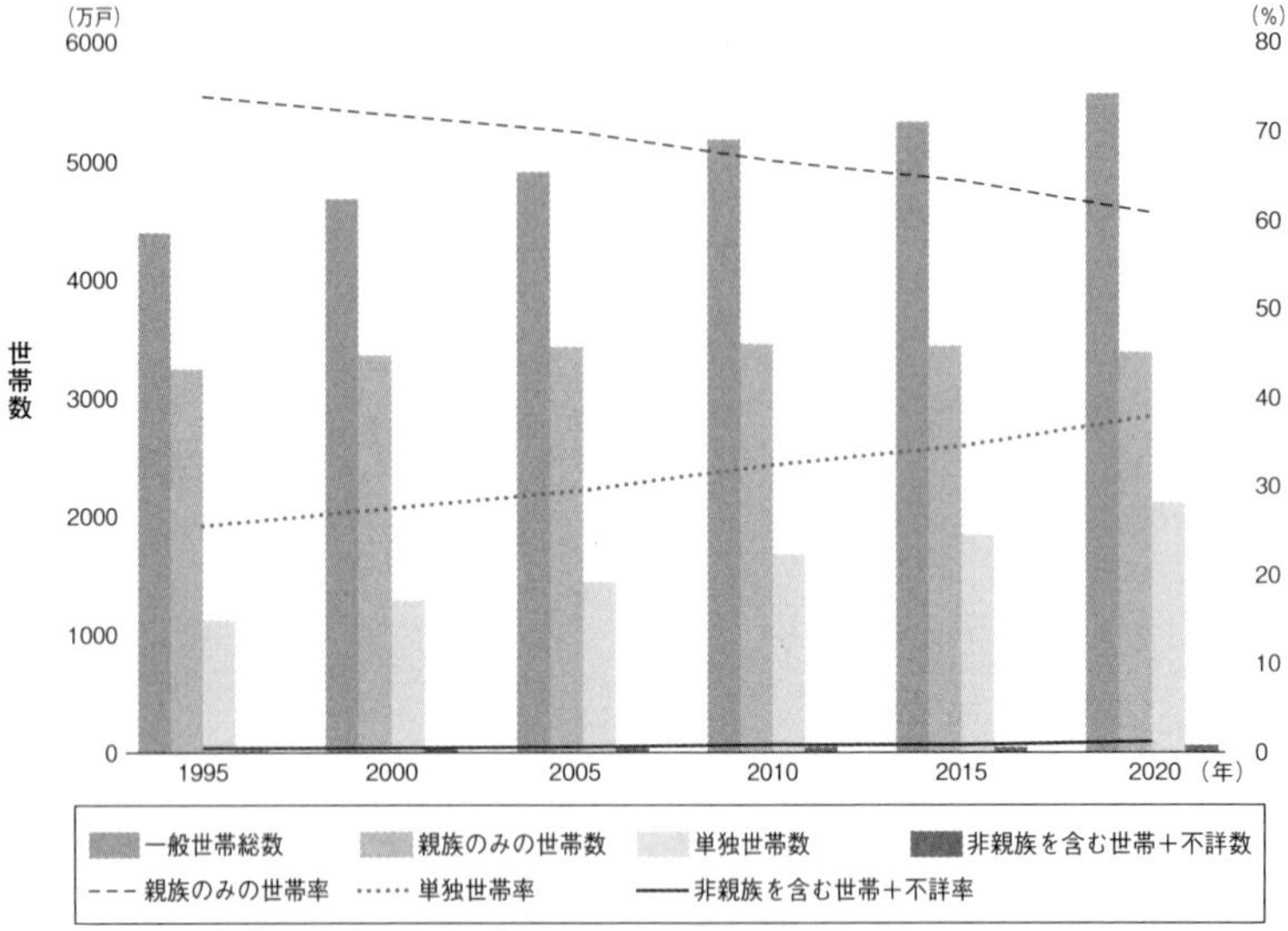

図 3-1　世帯数・構成割合の推移（1995-2020 年）

出典：「国勢調査」（総務省統計局 2020; 2022b）より著者作成

こうした家族による死者の財産の継承に関する制度に対して、注意すべき現代社会の動向が世帯構造の変容である。世帯とは、居住と生計を同一にする集団のことであり、図3-1で、大家族や核家族を含む「親族のみの世帯数」は、一九九五年から二〇二〇年のあいだでは、横ばいに推移するのみで変化がない。しかし、これ以上に重要な変化が、単独世帯化と呼びうる単独世帯（世帯人員が一人の世帯〔独居〕）数の増加、および全世帯に占める割合の増加傾向である。「単独世帯数」は一九九五年の約一一二四万世帯から、二〇二〇年には約一・八八倍の約二一一五万世帯になり、その間の「一般世帯総数」に対する構成割合である「単独世帯率」も二五・六パーセントから三八・〇パーセントに上昇している。この一方で「親族のみの世帯率」は七三・九パーセントから六〇・八パーセントに減少している。[1]

高齢者世帯の変容

さらに、第一章でみたような多死社会の中心的な問題である高齢者の死と関連することとして、注意深くみるべきことは、高齢者の単独世帯の顕著な増加についてである。『令和五年版高齢社会白書』(内閣府 二〇二三：九)によれば、六五歳以上の高齢者のいる総世帯のうち、一九八〇年に最も多いものは、三世代家族(大家族)であり、約四二五万世帯(高齢者を含む総世帯〔約八五〇万世帯〕に占める割合：五〇・一パーセント)だったが、二〇二一年には、約二四〇万世帯(高齢者を含む総世帯〔約二五八一万世帯〕に占める割合：九・三パーセント)に減少している。この期間には、高齢者人口の増加と、核家族化による総世帯数の増加を考慮しなければならないが、より詳細にみても、高齢者が子と同居しない傾向は、顕著である。高齢者と子や孫らによる二世代以上の同居率は、一九八〇年には、七三・一パーセント(約六二一万世帯)であったが、以降、同居率は減少傾向にあり、二〇二一年には、三九・三パーセント(約一〇一三万世帯)となった。それに対し、世帯数・割合ともに増加したのは、高齢夫婦のみの世帯(一九八〇年 約一三八万世帯〔一六・二パーセント〕→二〇二一年 約八二五万世帯〔三二・〇パーセント〕)と、高齢者の単独世帯(一九八〇年 約九一万世帯〔一〇・七パーセント〕→二〇二一年 約七四三万世帯〔二八・八パーセント〕)である。とくに、高齢者の単独世帯数は、この間に約八倍に増加した。さらに、六五歳以上の男女それぞれの人口に対する一人暮らし(単独世帯)の割合については、一九八〇年には、男性四・三パーセント・約一九万世帯、女性一一・二パーセント・約六九万世帯だったが、二〇二〇年には、男性は一五・〇パーセント・約二三一万世帯(世帯数は一九八〇年の約一二倍)、女性は二二・一パーセント・約四四一万世帯(世帯数は一九八〇年の約六倍)に増加した(内閣府 二〇二三：一〇)。

この高齢者の単独世帯化に対し、考慮すべきは共同生活(ゲマインシャフト)のさなかにない者の死の増加である。この観点からすれば、同じく増加している高齢者夫婦のみの世帯も、この種の死の予備軍である。現代の孤独死への問題意識は、ここから喚起されている。孤独死は、まず、阪神・淡路大震災における仮設住宅での住民の関係の希薄さゆえに顕在化し、自然災害を背景とした居住環境の変化による悲劇として取り上げられた(2)。しかし、いまや日本社会の世帯構造の変容を要因として、独居者の孤独死が起こることを想定しなければならない。この種の死に対して、たとえば「無縁社会」（NHK「無縁社会プロジェクト」取材班 二〇一〇）というまったく身寄りのない人間が、ただただ消滅するかのような死（無縁死）が指摘されるとともに、人間関係の希薄さが問題視された。中森弘樹は、無縁死の概念の登場が、社会から認知されない死にわれわれの関心を向けさせたと説明する（中森 二〇一一：一六六）。この視点によるものとして、呉獨立は、孤独死をめぐる社会現象に関して、新聞などの孤独死の言説や、実際の団地で行われている活動などに着目し、そこに共同体やコミュニティが表れるのをみている（呉 二〇二二）。

孤独死への問題意識が高まる一方で、本研究が明らかにしたい点は、単独世帯化や高齢者のみの世帯の増加、すなわち、家族における世代を超えた共同生活の縮小傾向に示される家族と死の意味の変容についてである。昨今の世帯の規模の縮小に考えるべきことは、家族の共同生活が家計の生産の拠点でなくなってきていることである。そして現れる単独世帯者の生活は、法的には家族であったとしても、世帯を基準にした家計の収入や支出は個別的・個人的なものになっている。これは現代社会の個別化した生活の実態を示す例であり、そこでは、世帯を分けた単独生活者の消費や、蓄財の姿も含めて想像しなくてはならない。つまり、家族における所有物の非共有が引き起こす死の変化に着目し、分析する必要がある。

二　家族と所有物

（1）家族と共有財産

まず、詳しくみるべきこととして提起される問題は、家族と所有物との関係についてである。

法的な家族制度の議論においても、家族間の象徴的な連帯を重要視する見解がみられる。たとえば、川島武宜は、日本の家族の基本的構成として、封建的・儒教的精神の表れとしての家父長制や、そこにある権威と恭順・服従（たとえば、孝〔父・母への義〕・忠〔国・君への義〕）などをみているが（川島［一九五〇］二〇〇〇）、これらについても、家族のあいだにあるモノの社会的交換の論理について着目し、あらためて読み直す必要がある。川島は、家族が世帯の共同の有無や、構成員の死亡・出生・結婚等による変動でも、生理的血統でもなく、非血統者も包摂する養子制度などにみられる擬制的血統によって存在していることを重視し「『家』の同一性は、姓（氏・家名）および祖先祭祀の同一性によって象徴される」（川島［一九五〇］二〇〇〇：一五五）という。ここで、祖先祭祀が取り上げられているように、川島の議論のなかにも、祖先、つまり死者との象徴的な連帯が家族に対して見出されている。

そのうえで、権威や恭順が家族の営む生活で共有財産とともに媒介され、象徴的に交換され、家族関係を支配していることについても忘れてはならない。次に示すのは、川島が家産相続の過程に見出される「恩」を指摘する部分である。

家長がその相続人に家産（その中には、先祖代々の特別の家宝や神聖な祭具・墳墓等も含まれている）をゆずりわたすということは、とくに他の兄弟に優先して家督相続人に特権的恩恵を与えることを意味し、したがって相続人

は親から特別の「恩」をうけたことになる。（川島［一九五〇］二〇〇〇：九五）

この家族の財産の継承を通して、家族からの恩を受け取るという解釈には、共有財産を介した象徴交換をみることができる。また、こうした家族間の共有財産を介した象徴交換には、土地の継承もあり、柳田は、家の概念に対し、先祖の念慮が意味づけられた土地の重要性を指摘する。

家の成立には、かつては土地が唯一の基礎であった時代がある。田地が家督であり家存続の要件であって、その開発なり相伝なりから家の世代を算《かぞ》え始め、必ずしも血筋の源を究めなかったということは、古くは例外も無く、今とてもなお両者を不可分と感ずる者は農民の中には多い。先祖が後裔《こうえい》を愛護する念慮は、もとはその全力が一定の土地の中に、打ち込まれていたと言ってもよかった。（柳田［一九四六］二〇一三：八四）

川島や柳田の議論では、家族生活の連帯は、土地や財産など物的環境を通じた象徴交換によるものが重要とされている。財を貯蓄するにしても、住居を建てるにしても、そこには財の入れ物となり土台となる物理的な土地がなければならないが、さらに土地の上に築かれる家と成員のあいだでの日常的な所有物の共有と使用に、家族を象徴的に想い起こさせることが、家族の共同生活（ゲマインシャフト）で行われる典型的な象徴交換であり、家族間では、その交換の輪を乱さないことが義務である。そして、先祖を身近なものとして生活の場に置いておくこと、いわば死者と暮らすように生活することで、ゲマインシャフトの死の社会的処理の方法である死のゲマインシャフト化を日常的に行うのである。ボードリヤールが「家具の配置は、ひとつの時代の家族・社会の構造を忠実に写すイメージである」（Baudrillard 1968＝二〇〇八：一五）というように、代々家族に伝わるものとしての家具は、家族の象徴という社会的意味を持って彼らの住居に存在している。このように家族の共同生活をめぐる物理的な生活環境それ自体に、死者を含めた家族が意味づけられているのであり、その家財のほうから、象徴交換の義務を訴える強迫観念はやってくるのである。

（2）　私的所有からみる個人化——市場・法

しかし、中筋由紀子が「近代化の過程で、家の傍系成員の個別な可能性の追求のための社会移動が解放されたが、それは『先祖になる』という形で、つまり定住を前提とした家という制度体の永続と抵触しない形で行われた」（中筋 二〇〇六：四六）というように、現行の家族制度は、先祖との象徴的な連帯を重視しておきながら、実際には、住居や財産の共存状態を軽視し、住居を分かち、個別に生活することを可能にしてきた。単独世帯化は、たとえ法的に家族であっても、住居を分かち、個別に生活する傾向を示している。そうした状態とは、個人による住居の専有状態である。もちろん単独世帯には、集合住宅での居住も考慮しなければならないが、この場合も単独世帯者が住居（不動産）の法的な所有者と言えなくとも、住空間の実際の専有者であり、そのなかでは個人の所有物が蓄積していく。すなわち、家族の変容について考えるときには、家族間で非共有となった個人による私有財産が増大する傾向について考える必要がある。

個人主義の成立をめぐり、所有というテーマは議論されてきた。この議論の前提には自然状態が仮定されている。T・ホッブズは、万人の万人に対する闘争と表現した自然状態の背景に、人々が心身の諸能力（肉体の力づよさや精神力・知力）において大差なく平等である点を指摘した（Hobbes 1651＝一九九二：二〇七―八）。こうしてホッブズは、目標達成の希望にも平等が生じ、もしも誰か二人が欲するものが一つしかないような場合に、彼らはたがいに敵となって取り合うような競争をすることとなるのだと説明する（Hobbes 1651＝一九九二：二〇八）。

こうした自然状態を前提に秩序を問ううえで所有の概念を結びつけたのが、J・ロックである。ロックは、ホッブズに指摘された自然状態での人間の心身の諸能力の平等に加えて「平等の状態」という、いわば人間とその環境をめぐる関係に着目し、次のように述べる。「そこでは、一切の権力と権限とは相互的であり、何人も他人より以上のものはもたない。同じ種、同じ級の被造物は、生れながら無差別にすべて同じ自然の利益を享受し、同じ能力を用い得る」(Locke 1690＝一九六八：一〇)。すなわち、環境も含めた自然状態は、誰もなんらの土地の囲い込みも知らず、自然を共有のものとして持つという点で、環境もその財産も平等である。[3] ロックは、こうした自然状態に対して、どのようにして所有権を有するようになったかについて、労働を重視する。まず、自らが身体および活動の所有者であること(身体の労働および手の働きは彼自身のものであるということ)に加え「樫の木のもとで拾ったどんぐり、森の中で木から採った林檎を食べて営養を得た者は、たしかにそれを専用したのである」(Locke 1690＝一九六八：三三)というように、労働により自然の共有の状態から何かが取り出され、その人の私的な所有物となることを例に、労働を契機として所有権が生まれるという(Locke 1690＝一九六八：三二―四)。そして、労働によって耕された土地から得た食物などの財産を腐らせずに、一生自分のものと保存すること、すなわち、財を永続性のあるものへと変換するために、貨幣の使用が始まり、この財産使用の自由の保持・拡大のために、法と国家があるという(Locke 1690＝一九六八：五二―四)。

こうしたロックの議論を用いて、R・カステルは、近代的個人の姿とは、まず、所有者としての個人であり、個人の支えこそ私的所有であり、それによって個人は独立するという(Castel 2009＝二〇一五：三八八―九二)。カステルは、近代化にともない所有が個人の内実を保障してくれるとして、近代初期には私有財産を持つことは、市民であること(その地位も含めて)の条件であったと述べている。また、カステルは、その一方で、持たざる人は個人ではなかったとして、たとえば、物乞い、浮浪者だけでなく、日雇い人夫や雑役夫、苦役の人々、その日暮らしの人々らは、最低限の独立を備えた生活を送るが、自分に対して責任を持ち、他者に働きかけることができないので、全面的に社会的な安全を欠いた状態に置かれていたと説明する。

以上の議論を整理すれば、まず、私的所有の確保が近代社会における生活の確保とも重なっていることが前提にあり、そして、その私的所有を支える社会では、法・国家によって私有財産の交換の自由が確保されている。つまり、これは貨幣の自由な交換（等価交換）に基づく社会であるゲゼルシャフトを前提とする。

こうした点をふまえ、C・B・マクファーソンは、所有的個人主義を論じている。マクファーソンは、その基礎的仮定として「人は彼自身の身体の独占所有のおかげで自由かつ人間的であること、そして人間的社会は本質的には一連の市場関係であること」（Macpherson 1962＝一九八〇：三〇四）と説明する。また、マクファーソンは、所有者としての個人を基礎とする社会関係が市場関係となっていることを重視し、これを所有的市場社会と呼びつつ、次のようにも説明している。「所有的市場社会における個人は、彼自身の身体の所有主としてのその資格において人間である。彼の人間性は、彼が他人たちとの自利にもとづく契約上の諸関係以外のいかなる関係からも自由であることに依っている」（Macpherson 1962＝一九八〇：三〇六）。このように、マクファーソンがいう市場関係における自由とは、貨幣が保証する取引の自由である。そして、重要なことは、個人による市場取引を前提としていることである。すなわち、所有的個人主義では、貨幣によって交換されたモノ（＝商品）が個人の所有物となっていくのであり、その商品の流通する市場という環境が私的所有における所有物の起源なのである。

三　所有物へのゲゼルシャフトの論理の浸透

労働や市場関係の発達からなる私的所有に対して、エンゲルスは、次のように家族関係の変容を危惧していた。

労働がまだ未発達であればあるほど、労働の生産物の量が、したがって社会の富が限られていればいるほど、社会秩序は、それだけますます圧倒的に血縁紐帯《ちゅうたい》によって支配されるものとして現われる。しかし、この血縁紐帯をもとにした社会の編成のもとで、労働の生産性がますます発展し、それにつれて私的所有と交換、富の差、他人の労働力を利用する可能性、それとともに階級対立の基礎がますます発展してくる。（Engels 1884＝一九九九：一二一）

これには、個人の所有物（私有財産）の起源が市場となるにつれ、家族が生産や財産の起源ではなくなることで、家族の存在意義が喪失することをみなければならない。これを恐れた例として、網野善彦によれば、中世日本では、商取引は人々の生活圏内では行われず、世俗と縁の切れた「無縁の場」（河原、中洲、浜、坂、山の根など）に市庭《いちば》を設けなければならなかったのであり、そうでなければ、あとぐされなく商品を交換することができなかったという(4)（網野 二〇一七：二六）。網野の例にみるべきことは、象徴交換というゲマインシャフトでの秩序編成に関わる社会的交換の形式に対し、私的所有を保護し、増大させる法と市場の論理がゲマインシャフトのなかにまで浸透することが、社会秩序の不和を生むようになると危惧されていたことである。

同様の観点から、死を前にした家族と所有物の関係に近代的変化が捉えられる。アリエスは「個人主義の最も際立ったしるしは、私見では遺言書である」（Ariès 1975＝二〇〇六：二四七）として、一八世紀に起きた遺言の変化について言及している。アリエスが「一三世紀から一八世紀まで、遺言は、各人がその心底の考え、宗教的信仰、おのが愛する物や人や神への愛着、おのが魂の救い、おのが肉体の安らぎを確保するため決定したことを、しばしば非常に個人的なやり方で表明する手段だった」（Ariès 1975＝二〇〇六：五五）というように、遺言とは、教会組織や家族の側の忘却に対する防御のためにあった。しかし、アリエスは、一八世紀中ごろには、遺言から慈善行為の条項、墓所の選定、ミサや礼拝の設定などがみられなくなり、今日のような財産の分配の法的な証書だけのものになり、その一方で、口頭によって自分の感性、信仰心、愛情を伝えるようになるなど、遺言が法的機能のみに特化するようになったことを指摘する（Ariès 1975＝二〇〇六：五六―七）。これにより、所有物は法制度に基づく保護の対象物として見られるようになる。家族の役割は、看取ると同時に死者が残した財産を引き継ぐこと（死者からの財産の贈与を受けとること）でもあった。しかし、遺言に表れた法制度による私有財産の保護は、家族の所有物とともにあった象徴交換を骨抜きにする展開へと進んでいったのである。

所有物が法制度上の産物へと移り変わることで、家族は、共有財産に対する日常的な象徴交換の義務から解放されていくとともに、ゲマインシャフトから離れる自由を得た。そして、多くの人々が郷土を離れ、賃金を求めて移動していくことで、単独世帯化が進んでいく。Z・バウマンが、リキッド・モダニティと呼んで指摘するように、流動性の高い近代社会では「個人的生活の終着点に到着するまえに、目的地は激しく、何回も変更される」（Bauman 2000＝二〇〇一：一一）。ここでは、生産の拠点が家族ではなく、個人となり、移動する個人は、そのたびに居住空間を獲得し、生活の拠点を確保するということを繰り返す。こうしたなかで蓄積される所有物は、家族との共有のない個人の専有からなる私有財産である。ここで所有物は、ゲマインシャフトとの関係を失い、その一方で、ゲゼルシャフトとの関係を深める。

これまで、単独世帯化や、核家族化にみるゲマインシャフトの縮小の内実について、所有物に対するゲゼルシャフトの論理の浸透に着目することによって、所有物を介した象徴交換の有効性が失われてきたことが明らかになった。

四　生活空間からの死と死者の排除――遺品の意味の変容

こうした観点からすれば、市場や法にみるようなゲゼルシャフトと接合した生活を維持するために、つまりは、高度に発展した資本主義社会（高度資本主義社会）への適応として、できるだけ他者とモノを共有せずに生活し、日常的な象徴交換を避ける傾向の極限として、単独世帯があるといえよう。核家族化の時点ですでに現れていたことであるが、世代ごとに世帯を分かつということは、親のような年長者を生活空間から排除するということである。寿命に近づくことで死を身に帯びる他者の排除、これは近代社会の死や死者の排除と関係している。すなわち、他者との共同生活をやめていくことで、生活空間から死や死者の意味を排除しているのである。

これらを背景として考えるべき現代社会の死別や看取りの問題が、遺品の処理である。ゲマインシャフトにおいては、死者の意味を身近な家財道具に見出すこと、いわば先祖の遺品と暮らすことが成員たちをつなぎとめていた。一方で、単独世帯化にみるべきは、生活空間から他者と共有する遺品が無くなることである。

高度資本主義社会の私的所有においては、私有財産の起源が市場であることや、財産の管理・保護が法制度の対象とされていることで、死者の看取りや後始末においても、市場や行政が担う側面が顕在化する。法制度上、第一に家族が財産を相続することになっているが、家族が引取りを放棄した場合、行政がその処分を執行している。まったく引取り手のいない死亡者の法手続きについては「行旅病人及行旅死亡人取扱法」（明治三十二年法律第九十三号）に定められている。行旅死亡人とは、行旅中に死亡した者もあるが、住居で亡くなり身分証明書があった場合でも、本人と断定できず、遺体や遺品の引取り手がない死者を指す。行旅死亡人の遺体は、市町村によって火葬（または埋葬）され、遺骨が保管されるとともに（第七条）、死亡者の遺留物も市町村が保管することと制定されている（第一二条）。そして、市町村（自治体）は、官報を通じて、行旅死亡人の発見状況や身体的特徴、その他、場合によっては住所や氏名などの個人を特定できる情報を提示し、遺骨や遺留物の引取り手を探す。行旅死亡人には、ほとんど遺留品のない者もいるが、二〇二〇年四月二六日に兵庫県尼崎市の住宅で孤独死した状態で発見された七五歳前後の女性は、財産として三四八二万一三五〇円を所持していたが、引取り手が現れないために、行旅死亡人として官報に報じられた。(5) 行旅死亡人をめぐっては、単に行き倒れのような死亡状況が問題となっているのではなく、定住し、自宅で生活していた者の孤独死もその対象に含むのであり、その行旅死亡人の遺骨や遺留物といった財産の処理という問題も付随している。

行旅死亡人のような引取り手のない遺骨に係る制度のうち、火葬後の遺骨の扱いについては、具体的な取り決めがないがゆえに、自治体ごとに判断が異なる。たとえば、行旅死亡人の遺骨をそれぞれの地域にある無縁墓地で納めておく場合（高知県四万十市〔二〇二三年七月一三日 官報掲載〕）がみられる一方で、静岡県浜松市では、法律や条例が未整備であるにもかかわらず、およそ五〇〇人分の遺骨の処分があるなど、一部の自治体では遺骨の廃棄処分が行われている（ＮＨＫ取材班 二〇一九：四〇）。こうした状況において、行政が遺骨整理事業という業者へ遺骨の買い取りを依頼することが相次いでいる。遺骨整理業者は、遺骨や灰を引き取ったあと、銀歯やボルトなどの金属品を専門のリサイクル業者に買い取ってもらい、残りの遺骨類を約一六〇〇度で溶かし「スラグ」という土壌の有害物質を吸着する黒い手のひら大の石に変えるという（NHK取材班 二〇一九：四一―二）。こうした遺骨の処分に関しては、その他にも、依頼者に代わって遺骨を預かり、海などで散骨を行う散骨代行サービスも現れている（NHK取材班 二〇一九：七七―九）。この行政と市場による遺骨の処分に特徴的にみられるのは、物象化した死の合理的な処理の手続きである死のゲゼルシャフト化であり、これらには高度資本主義社会の死の社会的処理の実態があるといえよう。

そして、この種の死の社会的処理に関わり、遺品処理の担い手として興隆する業種が遺品整理業である。次章では、この遺品整理業による作業事例をみることから、死の社会的処理の近代的側面である死のゲゼルシャフト化が現れる状況の検討を行う。

注

（1）工業・商業を基盤とする近代社会では、都市的地域への移動が促進されたことに加え、人口学的要因として一九二五―五〇年出生コーホート（同時出生集団）が親世代よりも人口が二倍であったことから、親の家族から分離し、核家族化が進んだ（園井・浅利・倉重編 二〇二二：一九）。

（2）額田勲は、阪神・淡路大震災によって建設された仮設住宅での孤独死を事例に、孤独死の定義を（1）「一人暮らしの被災者が仮設住宅内で誰にも看取られずに死亡、事後に警察の検死の対象となる異状死体」（額田 一九九九：四七）、（2）「低所得で、慢性疾患に罹病していて、完全に社会的に孤立した人間が、劣悪な住居もしくは周辺領域で、病死および、自死に至る時」（額田 一九九九：一三七）としている。

（3）なお、このロックの説明には、キリスト教における神のもとの平等という考えがその前提に含まれており、人間はただ一人の全知全能なる創造主の作品であり、その送り主なる神の所有物であって、同様の能力を付与されているに加え、皆同じ自然を共有財産として持っているという（Locke 1690＝一九六八：一二）。

（4）網野は、商取引が世俗から離れ、人知を超えた自然という聖なるものに結びついた空間で行われなければならなかったことから、そこで交易を生業とする商人や商工民や職人が神仏との関わりをもたなければならなかったことを含めて、中世における宗教の広がり（たとえば一遍などのすぐれた宗教家の輩出）を指摘している（網野二〇一七）。

（5）この行旅死亡人の事例については、追跡調査が行われ、その内容はルポルタージュとしてまとめられた（武田・伊藤　二〇二二）。

第四章　遺品整理業のエスノグラフィー

本章は、遺品整理業が行う作業事例への参与観察から、エスノグラフィーを記述することを目的とする。まず、遺品整理業の登場に関わる文献（新聞記事、小説、ドラマ、映画などを含む）もみながら、新業種としての成立状況を整理する。

一　遺品整理業の登場

（1）　死の産業化の拡大

多死社会と呼ばれるような昨今の日本社会の死亡数の増加傾向は、死の産業化の発展を支える周辺的要因となっている。近年では、エンディング産業展という、葬祭業や霊園産業などを中心とした事業者が集う企業展示会などに、その精力的な活動がみられる（図4-1）。

そこでは、いくつかの遺品整理業の出展がみられた。ある遺品整理業の展示ブースでは、作業員の経験をもとに遺品整理を行った現場の様子を模した手づくりのミニチュアハウスが展示されていた（実際にあった特定の作業現場を

図4-1　エンディング産業展会場
東京ビッグサイト 2018年8月22日

再現したものではない）。これらのミニチュアハウスは、部屋に残された家財道具や、孤独死、自殺現場の様子など、業者が現場に立ち入ったときに見た空間を表現するとともに、遺品整理業が対象とする作業内容を来場者に紹介するものである。こうした死と関連する出来事を表象する展示とともに、遺品整理というサービスの名にしるされた遺品の文字が含意する死の意味を忘れてはならない。遺品整理業の登場とは、死の商品化・産業化が、葬儀のような死者儀礼だけでなく、住居という生活空間や遺品という死者の所有物の処理にまで、拡大していることを示している。

遺品整理業という業種名は、インターネット上での電話番号検索サイトにおいて、一つの検索カテゴリーとして用意されており、事業名称として一般に定着していることがみてとれる。全国を対象に、遺品整理業という業種名を登録している業者を検索するにあたって、一件ごとに業者の所在地に当たることができる電話番号検索サイト「ｉタウンページ」を用い、全国の遺品整理業者数を示した（図4―2）。

全国の遺品整理業者数については、二〇一六年の二六〇〇社から、二〇二一年には三六五四社となっており、徳島県と熊本県を除き、全国的に増加している。[1] 各地の遺品整理業者数は、図4―2の帯グラフの稜線に示した都道府県別の人口の比率とおおよそ重なる。また、より詳しくみれば、この期間に大きく数を伸ばした地方の地域（北海道、愛知県、大阪府など）があるが、福岡県などを含めても地方の人口の多い道府県では、他の地域の人口と比較して、遺品整理業者数は多い。

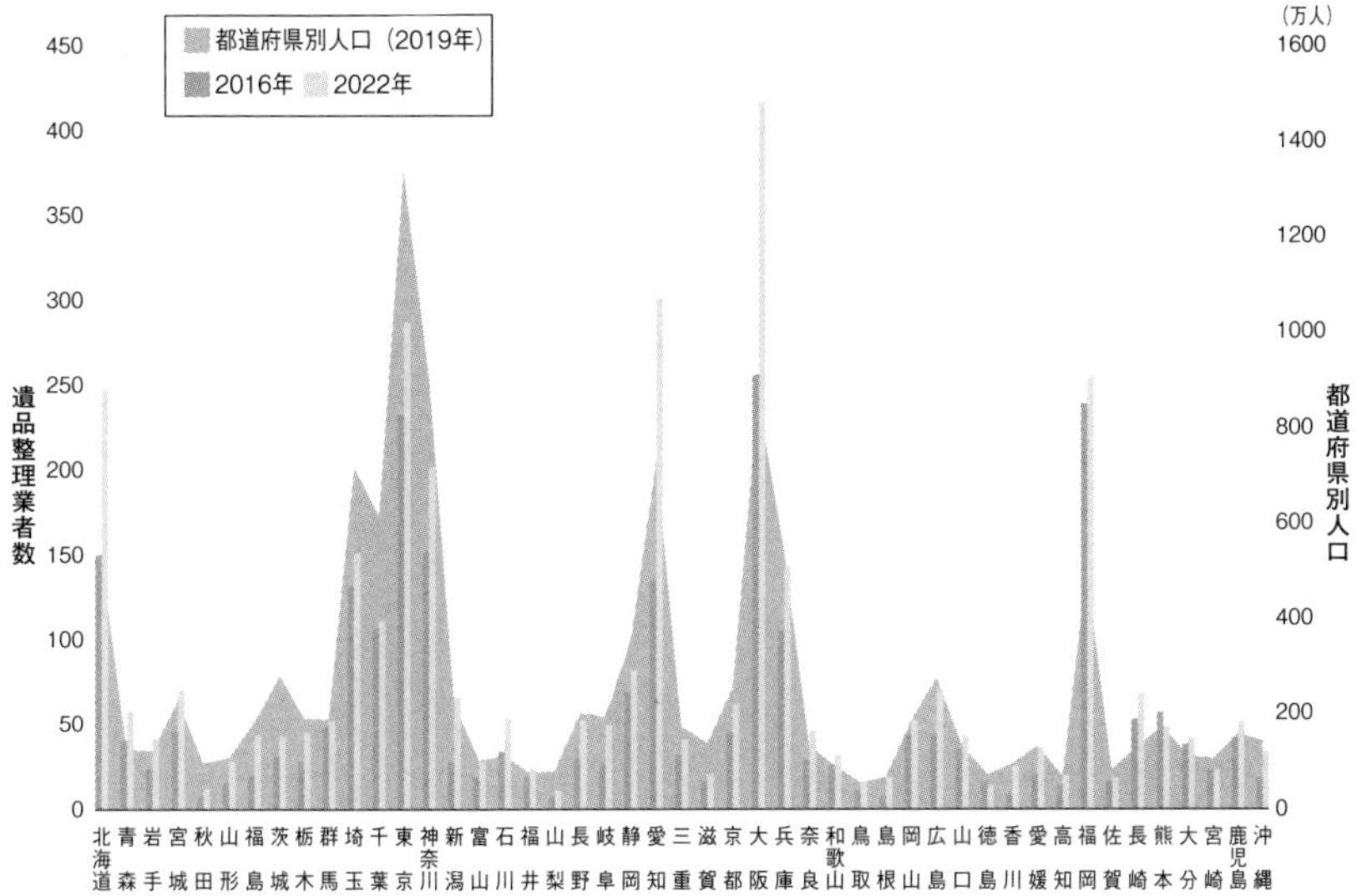

図 4-2　遺品整理業者数と都道府県別人口

出典：「全国の『遺品整理業』に関するお店・施設を探す」（i タウンページ 2016; 2022)、「人口動態調査」（厚生労働省 2021）より著者作成

遺品整理業者数の集計においては、遺品整理業の名とともに、廃棄物産業やリサイクル業、便利屋、運送業、引越し業、清掃業、造園業、葬儀業などの複数の業種名の併記された場合も含めたが、これらには遺品整理業の関連業種が表れている。遺品整理業が登場する以前にも、産業的に遺品の処理は行われていたと考えられ、たとえば、便利屋は無資格でも可能な業務依頼なら何でも（法に抵触することを除いて）受ける業者の通称であり、なんでも屋とも呼ばれるものである。河口栄二によって、一九八〇年代には、孤独な都会人の頼るところとして、便利屋が部屋の清掃の依頼を受けていることが記されていた（河口 一九八三）。また、近年の便利屋をモデルとした小説をみると、遺品整理の依頼を受ける事例が描かれており（三浦 [二〇〇九] 二〇一二：二二四―五四）、便利屋にとって遺品整理は、新たに典型的な作業事例の一つとなったと考えられる。

遺品整理業の登場の前段階として、遺品の処理が遺族の課題として現れ始めていたことが、次のような一九九〇年代中頃の新聞のオピニオン記事からうかがわれる。

主婦　X(2)　57　（大阪府吹田市）

祖父母が、そして父母が次々と他界した。無人となった生家に帰ると、歳月の流れをいや応なく感じ、寂りょう感が波のように押し寄せてくる。ここ二年ほどは、月に二回ほど高速道路を二時間半かけて空き家の管理に帰っている。

（中略）

昔の人はむやみに捨てるということをしなかったので、生家には祖父母の遺品、父母の遺品が山ほどある。少しずつ焼いたり捨てたり整理しているが、遅々として進まない。とにかく私の生きている限り、生家をいつも小ぎれいにして守り続けていきたい。いずれ廃家となるであろうけれど。(3)

当記事の掲載紙である産経新聞では、当時、高齢化社会というテーマのなかで、遺品に関わるようなオピニオンがいくつか取り上げられていた。(4)上記の記事をあらためて見ると、親の死に直面する遺族による遺品の処理（さらには空き家の問題）が、高齢化社会がはらむ問題の一つとして言及されていたことがわかる。

二〇二〇年になり、総務省より「遺品整理のサービスをめぐる現状に関する調査結果報告書」（総務省行政評価局二〇二〇ａ）が出た。この調査は、日本標準産業分類（平成二五年一〇月改定、二六年四月一日施行）に「遺品整理サービス」が分類されていないように、依然、業態が明確に定義されていないこと、さらには、遺品整理サービスについて法的整備がなされていないことなどを背景に、消費者保護行政や廃棄物行政から関心が持たれ、企図されたものであった。(5)この調査でも、先に挙げた便利屋が一九九六年時点で、遺品整理に値する業務を行っていたと報告されており、加えてビルメンテナンス業が一九九八年以前に活動していたことが報告されている（総務省行政評価局二〇二〇a：六）。さらに、これまで市町村などの自治体が、遺品の処理に関わってきた典型的な事例が紹介されている。たとえば、公営住宅で身寄りのない方が亡くなった場合が挙げられており、そのほか、借家の大家である市民などから、その所有する借家で亡くなった身寄りのない方の遺品の処理について、相談を受けることもあったという（総務省行政評価局二〇二〇b）。

（2）　最初の遺品整理業

ここで、遺品整理業が登場した経緯をたどることを目的として、最初に現れた遺品整理専門の業者について取り上げよう。

遺品整理業という遺品整理を専門とする業種は、二〇〇六年にキーパーズ有限会社代表の吉田太一氏による日々の活動ブログをもとに書籍化した『遺品整理屋は見た！』（吉田二〇〇六）の出版が、多くのメディアに取り上げられたことをきっかけに認知され始めた。そして、そこに描かれていた主な内容である孤独死現場の清掃および遺品整理の様子が話題となった。[6] 遺品整理を冠する業種名は、先の書籍の出版において初出であり、出版以前の新聞記事をさかのぼっても、そのような専門業種の存在を見つけることはできなかった。[7]

日本初の遺品整理業者であるキーパーズについて、代表である吉田氏は、遺品整理業設立まで、日本料理の板前や、飲食店の店長、高級喫茶店ウエーターなどを転々とし、結婚後は大阪に戻り、佐川急便に入社、宅配ドライバーとして生計を立てつつ、コンビニ経営をもくろみ退社するも資金難により頓挫するなど、紆余曲折を経たという（村尾二〇〇八：五四）。転機は、一九九四年に吉田運送を創業、引越し業務では荷物を運搬するだけではなく、不用家電品の処分も担うことがあったことから、一九九六年に「ひっこしやさんのリサイクルショップ」を開いたことであった。これが遺品整理を専門とする事業体の原型となった。そして、二〇〇二年には、遺品整理を専門とするキーパーズ有限会社を愛知県刈谷市（当時）に設立した。社名は、キープセイク（keepsake = 形見）をもじったものである。

キーパーズの起業の経緯をみると、運送業とリサイクルショップに関する業務設備を持っていたことが挙げられる。吉田氏は「遺品整理専門業」と事業を名づけ、次のように自らの業務の役割を説明している。

人が死亡した際に遺《のこ》される家財道具一式を、遺族に代わって整理・移動・供養等を専門に請け負う業者。遺品の片づけなど物理的なことだけでなく、遺族へのアドバイスを含め、よき話し相手となるなど精神的なサポート力も必要とされる。核家族化が進んだ現代においては、すでに欠かせない存在であり、社会的にも広く認知されつつある。ある意味、現代社会が抱える問題が作り出した仕事とも言える。（吉田二〇一一：四）

ここには、本書第三章でみたような世帯構造の変化が背景として言及されつつ、遺品が帯びる死や死者の意味を汲んだうえで、依頼者の遺族と関わることや、業務を進めていくべきであることが、記されている。

こうした側面は、キーパーズをモデルとして描かれた、歌手のさだまさしによる小説『アントキノイノチ』（さだ二〇〇九）を原作とする同名映画（二〇一一年公開）にも描かれている。主人公・永島（演：岡田将生）は、クーパーズという名の遺品整理業者で働く若者である。劇中では、いくつかの作業風景が描かれる。最初の遺品整理の現場では、孤独死（死因は心筋梗塞で、死後一カ月で発見）が描かれている。遺品の多くがただの廃棄物として処理されていくなか、作業員の一人であるゆき（演：榮倉奈々）は、使い込まれたお箸・食器を眼前に死者の姿を想像し「夫婦茶碗だからご供養品」といいながら、ごみ袋とは別の段ボール箱へと選別する。それを見て、永島ら他の作業員たちも「ご不用、ご供養」と声に出して残された遺品を選別していく。

これにみるように、遺品を廃棄する技術として、遺品に見出されうる死や死者の意味を儀礼的に処理する方法である供養を用意していることは、遺品整理業の特徴の一つとして挙げられる。

また、この映画の別のシーンには、遺品整理における業者と遺族の間での暗黙の対処が描かれている。そこでは、戸の中からアダルトビデオが出てきても、作業の依頼者である遺族に見えないように、それらを勝手に廃棄処分する作業員が描かれる。突如現れたアダルトグッズは、遺族の故人像には不要なものと業者に判断され、それ自体があったことが認識されないように廃棄される。これは、業者が単純に法的に禁止されたわいせつ物の陳列を防いだだけではない。業者は、遺品整理を通じて、死者の遺品のすべてを依頼者に暴露するのではなく、遺品に表象される死者像の形成に参加していることが、この場面には表れている。

しかし、その一方で、遺族が遺品の死の意味づけの一切を拒否するシーンもこの映画では描かれている。そこでは、遺族は作業に立ち会わず「何もいらない」とすべての遺品の廃棄を業者に依頼した。主人公は作業現場に残っていた手紙を他社員からも「お節介」と忠告を受けつつも、遺族に渡しに行く。しかし、遺族である実の娘に「母親のことはずっと忘れてました、だからもう関係ありません。もう思い出したくもないのよ」と拒絶されてしまう。この場面は、遺品を通じて死者とつながりを持つことを遺族が拒絶することを描いている。それと同時に、作業員の手によって代替される遺品整理においては、遺族が作業に立ち会わず、遺品を見ることもせず、一切の事が済ませられることが描かれている。

これまでに挙げたような遺品整理業に関する記事や、書籍および映画などの大衆的娯楽作品にみるように、マス・メディアへの登場が、広く一般へ遺品整理業の認知を推し進めてきた。これらには、遺品整理作業員と遺族を主なアクターとする遺品整理の場を通じた物語が展開されてきた。ほかにも、テレビドラマでは、奥田瑛二演じる

「遺品の声を聴く男——死者の謎を宿したモノ」（朝日放送制作、二〇〇九年五月一六日）は、遺品整理屋を主人公とするものである。同様のものには、高畑淳子演じる遺品整理人を主人公にしたシリーズ「遺品整理人 谷崎藍子」（毎日放送・ＴＢＳ制作、二〇一〇—一五年）などがある。また二〇二三年にも、遺品整理業で働く主人公を描くドラマが制作されている（「星降る夜に」テレビ朝日）。さらに二〇二一年には、海外でも遺品整理業についてのドラマ（「ムーブ・トゥ・ヘブン——私は遺品整理士です」Ｎｅｔｆｌｉｘ、韓国）が制作されるようになった。また、近年の所有物の断捨離ブーム[8]を背景に、遺品整理業は登場しないが、家庭内での遺品の処理の問題が扱われた漫画もある。『わたしのウチには、なんにもない。』（ゆるりまい 二〇一三）は、モノを捨てたい癖のある主人公が祖母の遺品と対峙することが取り上げられている（二〇一六年にはＮＨＫにより実写ドラマ化された）。これら小説・映画・ドラマ・漫画などには共通して、遺品に思い浮かべられる死者の存在が強調される。しかし、そうでありながらも、遺品は誰にも必要とされないという部分も切り離せないものとして触れられ、その遺品の処理への葛藤が同時に描かれる。

さらに、ここからは、キーパーズ有限会社（東京都）への現地調査を含めて、遺品整理業の遺品の取り扱いについて、詳しくみていこう[9]。

キーパーズ社屋には、作業員の制服着用時の身だしなみについて、写真とともに説明書きが掲示されている。それには、青いキャップ帽は必ず着用、青いポロシャツとベージュのチノパンが制服で、ポロシャツの裾はズボンから出さないなど、細かい指示が書き込まれている。そして、キーパーズの会社倉庫には、依頼者から引き取った遺品である家財道具が並んでいた。図4-3の車両は、遺品整理の行われる作業現場に向かい、キーパーズが引き取ることとなった遺品を運搬するものである。図4-4に示された鉄くずも、そうして業者が引き取ってきたものであり、集められたのち、まとめて廃棄物として処分される。これらは自治体の廃棄物処分の条例に則り、分別が行われている。図4-5も、キーパーズが依頼者から引き取った遺品であるが、家電製品や家具といった遺品は、機能が損なわれていなければ（破損や異臭などがない、通電し、問題なく稼働するなど）、リユースやリサイクル、またはボランティア活動等での寄付に用いられる。図4-6は、依頼者から供養を施すことを託された遺品である。映画にも描かれていたが、これは供養品と呼ばれている。遺品の処理における技術として、供養が用いられているのであるが、僧侶を招き、社内に設置した祭壇の前で合同供養が行われるという（図4-7）。これは、依頼者が遺品を手放すうえで、遺品をただのモノとして扱うための儀礼を用いた解決手段である。このような社内設備について、吉田氏への聞き取りにおいて言及されたことは「遺品にかつての所有者の生きざまが見える」ということであった。[10] それは、使い古された形跡のあるこれら遺品の様子に表れたものであり、かつての所有者との生活がそこにはあったであろうことがわかる。

図 4-3　業者の作業用車両
2018 年 3 月 5 日撮影

図 4-4　廃棄予定の鉄くず
2018 年 3 月 5 日撮影

図 4-5　リユースの対象となる遺品
2018 年 3 月 5 日撮影

図 4-6　供養品に仕分けられた遺品
2018 年 3 月 5 日撮影

図 4-7　代表の吉田氏と供養用に設けられた祭壇
2018 年 3 月 5 日撮影

遺品整理にともなう遺品の取り扱いについて、依頼者と業者間のトラブルを避けるべく設定されたものが、キーパーズにおいて明文化されている契約文書「お見積書」である。[11]「お見積書」は、キーパーズと遺品整理の依頼者が作業の前に交わす契約書であり、そのうちに示された「遺品（家財）売買契約事項」には「本契約書において、故人の遺された遺品を整理するに当り、遺品を売却して頂き、所有権を移行して頂く必要がございます」と書かれてある。つまり、まず遺品整理の前に、処理の対象となる遺品の売買が、契約書を通して、業者と依頼者とのあいだで行われるのである。業者は、遺品を買い取ったうえで遺品の処理を進めていく（この依頼者からの遺品の売却料金は、業者の遺品整理作業料金を含む合計請求代金の中で相殺されることになる）。この契約書では、売買可能な遺品は「故人所有動産」と呼ばれる。また、その一方で、売買の対象とはならない遺品の三分類（キーパーズの「遺品売買契約約款」[12]に記載されたものを、筆者により整理している）が、次のようにある。

(1) 形見品（依頼者が形見品として指定した動産）
(2) 現金、貴金属、有価証券など（法律上相続税の対象となるもの〔発見した場合には依頼者に返却〕）
(3) 法律で売買が禁止されているもの、及び劇薬、火薬類の危険物など業者が買い取りを拒否したものこれら売買の対象とならない遺品の三分類を除くものが、キーパーズにおいては、遺品整理が可能な物品とされる。社内には、従業員に向けて、次のような注意書きが掲示されていた。「当社では、故人の家財を一括で買い取りしておりますが、印鑑・通帳・現金・金券・商品券・貴重品類・貴金属・その他有価証券などは買い取り対象には含みません」。この注意書きには、加えて貴重品チェックの流れについても書かれており「1　お客様宅到着後、リーダーがスタッフを伴いご挨拶と作業の流れと貴重品チェックを詳しく説明する。2　リーダーは、各部屋の作業前に必ずチェックをし、派遣に任せきりにしない。3　個人の趣味の物（カメラ、ビデオ、時計など）や、骨董品に類するもので判断に困るものは逐一確認する」などと記されている。

こうした規則に基づくキーパーズの遺品整理を概観すれば、遺品の売買を介し、業者が遺品を引き取ったあとは、先に写真とともに示したように、業者はそれらを分別し、リユース品・リサイクル品、ボランティア活動による寄付などに活用し、残った遺品は市町村の指定収集業者に廃棄処分を依頼するといった流れとなる。

以上の現地調査から得られた知見として、次の二点を挙げることができる（藤井二〇一九a：九九―一〇〇）。

①　形見品として遺族に継承されることもなく、また現金、貴金属等、相続に関する法律の範疇にもない遺品が、遺品整理の対象となっている。

②　遺品の売買契約とともに遺品整理業者が遺品を引き取り、遺品の新たな所有者となっている。引き取られたあとに行われる作業であるリユース・リサイクルなど、いわば新たな所有者探しが遺品整理業の役割としてある。

（3）資格化にみる遺品整理の均質化

また近年では、遺品整理業界で業務（技術）が体系化しつつあるが、その要因には、遺品整理士という遺品整理の資格化を挙げることができる。こうした資格化は、遺品整理業界に一指標を提示するものであり、業界内では業務の均質化の傾向が表れている。

リサイクル会社の経営コンサルタントをしていた木村榮治氏は、一般社団法人遺品整理士認定協会（北海道、現在は一般財団法人）を二〇一一年に設立し、同年一一月に、法的根拠はないが、認定遺品整理士という資格の認定事業として、資格講座を開設し、認定試験の運営を行っている[13]（当協会と先に挙げたキーパーズとの業務関係はない[14]）。

木村氏は、資格化の動機について、二〇一〇年に木村氏の父が事故死した際、遺品類の処理を地元・小樽市の遺品整理専門の業者に依頼したが、そのときに、父親の背広や、少年時代の父親と一緒にいった海水浴や、山登りの記念写真などの遺品類を乱暴に取り扱われた経験を挙げる。[15]こういう事情を含め、木村氏は「不用品を処分するという仕事は日常です。しかし、私たちにとっては日常ではない。突然、愛する身内を亡くしてしまった遺族なのです」（木村二〇一五：八）と、遺品整理における遺族への配慮を指摘し「遺品整理士にとって最も重要なことは『遺族に代わって整理をさせていただく』、この一点」（木村二〇一五：一四）であると説明する。また「〝遺品整理〟を〝遺品の処理〟と捉える傾向にありますが、生前使用され、故人の想いのこもった品々を〝供養〟という観点から、取り扱い方法について学ぶことができます」[16]というように、遺品に死者を積極的に想起する点を強調している。

一方で、この資格化以前には、廃棄物処理業者やリサイクル業者や運送業者が、遺品を不法投棄することや、高額料金を請求するトラブルが多発するなどがあり、資格化は業界の健全化を進めるものでもあった。[17]それゆえに、この協会の遺品整理士養成の養成理念には「業務を事業として代行するにあたっては、より法規制に遵守した形で行っていくこと」と記されている。[18] 協会は、遺品整理に関係する法令として「古物営業法」「廃棄物の処理及び清掃に関する法律」（以下、廃棄物処理法）「特定家庭用機器再商品化法」（以下、家電リサイクル法）「使用済小型家電電子機器等の再資源化の促進に関する法律」（以下、小型家電リサイクル法）「道路運送法」等を挙げている。[19] このような法制度への対応は、遺品整理業界全体に関わることでもあり、遺品を処理するうえでの法的ガイドラインをまとめた専門書の出版もみられている（阿部 二〇一五）。

当の認定遺品整理士の資格取得までには、協会が作成した養成講座のテキストやＤＶＤで、孤独死問題、廃棄物処理法・家電リサイクル法などの法規制、遺族への接し方などを学び、リポート試験に合格する必要がある。[20] この遺品整理士養成講座の入会金・会費は、合計三万五〇〇〇円となっており、協会によれば遺品整理士の会員数は、二〇一九年に全国で二万五〇〇〇人、また一〇〇〇社を超える法人会員を擁しているという。こうした遺品整理士の資格化により、元々、廃棄物処理業者、リサイクル産業の関係者でなくとも、当資格をうたうことで、遺品整理専門の事業者として起業が可能となった。

遺品整理業に期待される役割

これまで、現代に遺品の処理という問題が現れてくるとともに、遺品整理業が登場してきたことについてみてきた。死者からの遺品・財産の贈与は、社会の恩恵となる一方で、それをうまく処理しなければ、社会秩序が回復できないといった、ありがた迷惑な、いわば暴力的な側面があるがゆえに、遺品整理が要求されていると考えられる。[21]

これまでの調査から、遺品は、一元的に遺族が継承するものとしてあるのではなく、そうならない遺品を社会的にどう処理するのかが問題となっていることが明らかになった。遺品整理の特色である遺品の選別という過程が示すのは、何が残され、何が供養され、何が廃棄物となるのかといったモノの意味を問うまなざしが、遺品一つ一つに向けられるということである。遺品整理の事業化においては、廃棄物法制や、財産法に準拠しつつ、供養する祭壇を自社に設けることや、遺品の売買契約の明文化、遺品整理士にみる資格化というように、遺品整理という一つの新たな文化的側面の創出がみられる。

そして、処理される対象である遺品の特殊性とは、死者が見出されるということである。業者では、これら遺族に継承されることのなかった遺品をただ廃棄物として処分するだけではなく、供養する技術を用意していた。そして、遺品に死者の姿が見出されつつも、それらを供養によって、死者の意味をはらい、そのうえで片付けることが遺品整理業には求められている。これまでみてきた遺品整理業に期待される役割をまとめれば、遺品の運搬といった物理的な遺品の処分に対する能力だけでなく、家の中に立ち入り、依頼者を前にすることを前提とした遺品整理の技術を習得していることである。そこでは、遺族への配慮として、遺品に死者を見出しつつ、作業を行うということが一つにあり、その一方で、遺品の処分における廃棄物法制への準拠が求められているのである。

二　遺品整理業の作業事例

また本研究では、次の遺品整理業者に対し、作業内容に関する調査への協力を得た。調査対象は、遺品整理に関するNPO法人A（大阪府）、遺品整理業B（兵庫県宝塚市）、遺品整理業C（兵庫県西宮市）であった。調査は、二〇一六年一月から九月にかけて、断続的に行った[22]。

まず、遺品整理に関するNPO法人A（以後、Aのみで表記）は、個人の設立によるものであり、その活動の一部で、遺品整理の依頼を受けていた[23]。遺品整理のような作業は、月一、二回ほどで、遺品の処分費用だけ料金として徴収するのみとしつつ、作業員はなかばボランティアであり、馴染みの知り合いを呼んで作業を行っているという。実際の作業には、家族に立ち会ってもらうようにしており、Aの代表のいう、いわゆる大事なものとして、金品、証券、写真、日記などの扱いは慎重にし、人形などの扱いについては、塩を持っていて自分たちで清めているという。また、リサイクルのため、電化製品は壊れておらず使えるものは残し、クリーニングして売り、活動資金にする他、仏壇は専属の仏壇屋に引き取ってもらうという。

以降、作業への参与観察を行うことができた遺品整理業B・Cに関しては、可能なかぎり遺品整理作業の詳細を記述することから、ここに遺品整理の場を再現することとする。また、作業事例に示される遺品の諸類型とともに、遺品整理業に求められている役割を描き出していく。

（1）遺品整理業B

遺品整理業B（以後、Bのみで表記）は、個人事業主である。Bの代表N氏（仮名）は、遺品整理業を始める前には、葬儀社の従業員として働いていた経験があり、当時から、高齢者の一人暮らしは多く、遺族から遺品の片付けの相談をされることが多かったという。N氏は葬儀関係の仕事に加え、引越し業界での経験もあり、遺族に対する対応や、荷物の取り扱いのノウハウを活かせるとして、二〇一二年に遺品整理業を始業した。

N氏は、遺品整理士認定協会の認定遺品整理士の資格を取得している。その他、N氏は一般社団法人事件現場特殊清掃センター、日本ハウスクリーニング協会、遺品整理不正防止情報センターに所属する。事業体制の概要であるが、宝塚市に事務所を置き、正社員は八名、主な業務過程は、依頼を受け、見積もりを行ったのち、三―五名で現場に向かうという流れで、作業は行われる。当初はビラ配りをしており、その後インターネットにのみ事業広告を出すだけとなったが、それでも、月に五―一〇件の依頼を受けるという。依頼が来るのは、主に遺族であり、多くは死者の子にあたる。その他、葬儀業者や不動産業者からも依頼があるという。

Bにおける作業にかかる料金については、まず作業に入る前に現場を訪れ、依頼者に会い、作業見積もりを行っている。遺品整理の料金は、部屋の間取りに合わせるかたちで設定される。(24) 無料のオプションサービスとしては、掃除機・拭き掃除、エアコン取り外し工事（三台まで）とし、一件当たりの作業時間は約五時間としている。作業料金は三万円からということになっているが、搬出する遺品の量が増えれば、作業時間や人員・業者がレンタルするトラックの台数も増加する（二トントラック一台につき、レンタル十二時間から二四時間の相場が、二―三万円である）ため、実際には、その金額には増減がある。

N氏は、過去に行った遺品整理作業を振り返り、それは「なかにあるものを出していく」ことだと語る。かつての住人が過ごした部屋には、彼の遺品がそのままになっている。そうした遺品を前にした遺族とのあいだで、次のようなやりとりがあったことを、N氏は回想する。

（「　」内は、N氏による依頼者（故人の子）の発言の再現である）「いやぁ、オヤジこんなん置いとったんか」とかね。「お父さん、俺は頑張るよ」みたいな（依頼者が過去に書いた）手紙をお父さんが大事に置いとるわけよ。で、亡くなってから、自分が学生のころに書いた手紙を読み返して「オヤジに俺こんなこと書いてたんや」みたいな（感想を抱く）。それ見て「もういっかい頑張らなあかん」みたいなね。(25)

こうしたこともあり、遺品整理作業において、依頼者から遺品のすべてを廃棄するように頼まれていても、あえて残しておくことがあるという。

僕らは、なんぼ一般のお客様が捨てられても、これを処分するのはなぁ、ということでね。いろいろな事情も、もちろんあるんですけど、出てきたのにさみしいなと思って。それでも僕ら、なんも言われへんやんか。で、とりあえず、置いとくわけですよ。そっと、箱に入れて残しておくわけ。
作業が終わってから、ご集金させてもらうときに（依頼者から）「まさかと思うけど、もうないよな？」っていうことで、レコード、文集、写真とかをボンって渡したら「よかった、ありがとう。墓まで持って行くわ」ってね。だから、僕らで決して判断できないことばっかりで。(26)

とくに、死者が普段身に着けていたようなもの、メガネ、靴、杖、指輪なども用心して、依頼者にその処分の是非を伺うという。(27)このように遺品整理作業で依頼者が立ち会うかぎり、出てくるモノの処分について、逐一確認することが基本となる。一方で、先述のキーパーズの映画にも描かれていたような遺族には見せられないと判断して、Bが勝手に廃棄するものもある。

そこは、おばちゃん亡くなって、ほんま言いにくいこと言うけど、大人のおもちゃ、ごっそぉ出てくるときあんねん。だって、見せられへんやん、遺族の人に。内緒で捨てるよ。どかーん出てきました、どうします？なんか言うたら、そらもうアホやでほんま。(28)

また一方で、遺品整理の作業では捨てるだけでなく、依頼者が掃除で使ったタオルや、ビニール紐など余ったものので、使えるものがあれば、依頼者の承諾を得て、N氏が持ち帰ることもあり、N氏が普段作業で用いる工具箱には、作業現場の遺品であったものが多くあるという。また別の使途としては、回収した遺品でも、電化製品（液晶テレビなど）で使用可能なものは、依頼者に許可を取り、福祉施設にＮ氏が寄付することもあるという。

Ｂの事例――仏壇の廃棄（単独世帯者の遺品整理（依頼者：遺族））

筆者は、Ｎ氏の協力により、一件の遺品整理作業の参与観察を行った[29]。当日、指定された時間に作業現場に出向くと、Ｂの作業員たちにより、遺品整理がさっそく始まろうとしていた。遺品整理が行われた場所は、尼崎市にある一戸建ての賃貸住宅であった。ここでは、高齢男性が一人暮らしをしていたが、男性は病院で亡くなったという。遺品整理の依頼者は、亡くなった男性の遺族（子：娘）であった。この故人は、妻と離婚し、娘も嫁いでいた。この遺品整理の場には、その娘の夫とともに、男性の別れた妻も、その場に立ち会っていた。この依頼者らは、遺品整理業者の作業が入る前に、住居内の遺品のほとんどを自分たちで処分していた。

現場に残されていたのは、エアコンや、割れた窓ガラス、椅子などの家具といった、いわゆる粗大ごみとなる遺品であり、それらを取り外し、家から運び出す作業を行った。そして、Ｂが手配したトラックにそれらを積み込んでいった。

一階の部屋には、仏壇が残されており、榊と夏みかんが供えられていた。この仏壇は遺品整理作業の最後に運び出された。仏壇を片付ける前には、作業員全員が依頼者に見てもらいながら、仏壇に向かって合掌し、黙祷をした。これは遺品整理士認定協会のなかで作り出された、遺品整理作業における作法の一つでもある[30]。

仏壇の中にあった小さな仏像、杯など、仏具と思しきものは、すべて別のダンボール箱に選別していく。この業者は提携している神社があり、そちらでお焚き上げという供養をしてもらうという。お焚き上げとは、神社や寺院など宗派に限定せず、供養として儀礼的に焼却処分することである。仏壇の中からは、へその緒が出てきたが、これは依頼者に確認し、お焚き上げの箱に選別された。また、部屋の隅に置いたままにされていた人形も、お焚き上げの箱に選別された。そのほか、仏壇からはロウソク、線香だけではなく、年代物のコンドームが現れた。これに作業員の一人が「あっ」と声を上げたが、横で仏壇の中を整理するもう一人の作業員が「声を出すな、声を」と制止し、コンドームが出てきたことは依頼者には伝えず、すみやかに捨てるものとして選別した。

すべての遺品を運び出し、部屋の箒がけが済むと作業は終了となる。仏壇とお焚き上げの箱は、その後、Bの提携する神社に運ばれていった。これらの供養後は「お焚き上げ証明書」が発行され、依頼者へと送られるという。

まさに単独世帯者の死が、離別していた親族を呼び合わせたといえるような機会となるとしても、そこにある遺品が、遺族にとって継承すべき意味を持つものとはならないことがある。それがこのBの事例である。在りし日の家族が一時的に集った遺品整理の場で、最後に見届けた仏壇の廃棄が示すのは、先祖を捨てることである。遺品整理という契機は、遺族にとって不要な遺品をいわば断捨離する場ともなる。この事例の仏壇は、遺品整理の場に集まった遺族にとっては、これから先、意味をなすものではないと判断されたために、男性の死とともに、その役目を終えた。これは、仏壇に託された使命であった死のゲマインシャフト化が断絶されようとする瞬間である。ここで、遺族は仏壇を前にしても、象徴交換の観念にさいなまれることがないほどに、死者（先祖）との関係は希薄化していたのである。それゆえ、遺品整理というサービスのなかで、仏壇を含めた遺品が処理対象物となることを、遺族は許すのである。

（2）遺品整理業C

次に、事例として提示する西宮市の遺品整理業C（以後、Cのみで表記）は、廃棄物処理事業者から遺品整理専門の会社として、新たに設立されたものである。設立前史として、一九六〇年に、有限会社D（その後Cが独立）が創業、その主な業務は、一般廃棄物の収集・運搬、産業廃棄物の収集・運搬であった。(31) Dは、西宮市からの委託を受け、家庭ごみの収集をしており、また西宮市内の事業所（オフィス、飲食店、スーパーマーケット等）から出る事業ごみ（事業系一般廃棄物）を市の処理センターに搬入するほか、市内外の工場や、病院等から廃棄される産業廃棄物および感染性廃棄物の収集・運搬も行っている。C代表のO氏（仮名）は、現在の遺品整理やゴミ屋敷の片付けといった仕事は、かつては自治体からの依頼を受けて、Dのような廃棄物処理事業者が処理を行っていたと説明する。[32] そこでは、近隣住民・マンションオーナーの依頼を受けて、自治体が調査し、そのうえで親族か廃棄物処理事業者が処理するというものであったという。そして、二〇一一年に「おかたづけサービス」と銘打ち、遺品整理・住空間整理（在宅介護の受け入れや、施設の入居にともなう部屋の整理、また何らかの事情で、部屋もしくは家全体が、ごみ屋敷化した状態を片付け、不用品を撤去する事業）を主な業務として、CはDから会社として独立した。

Cでは、遺品整理の見積もりに向かった作業員が現場作業責任者となる。まず、この責任者は、各自治体の環境局や、美化センターに問い合わせ、自治体の処分方法を把握する。ここで一般廃棄物としての分別方法、指定袋等を確認する。廃棄物の分別は、自治体ごとに基準が異なるため、燃えないごみや燃えるごみの違い、専用の回収袋の種類などを、ケースごとにすべて問い合わせることとなる。産業廃棄物は、行政の許可を得た上で処分されているが、その場かぎりで行われる遺品整理で出る廃棄物は、一般廃棄物として、家庭ごみと同様の処理が行われる。

先述のBと同様のこととして、Cでも遺品の供養という処理の手続きがみられた。Cの倉庫には、遺品整理作業で供養品として出た遺品が集められてきている（図4-8）。ここには、祭壇が設けられ、神社と提携し、定期的に供養が執り行われている。図4-9の奥に見える黒い扉は閉じられている状態だが、これを展開すると祭壇が出来上がる。祭壇の手前の机に置かれた箱の中身は、供養品として分類された遺品である。

Cの事例（I）――廃棄される遺品（単独世帯者の遺品整理〔依頼者：遺族〕）

Cの社屋から作業員とともにトラックに乗り、作業現場に向かった[33]。場所は、尼崎市にある一軒家であった。この家の居住人であった女性は、二〇一五年の初頭に亡くなっていた。早くに夫とは死別し、二〇年近く一人暮らしをしていた。この遺品整理の依頼者は、亡くなった女性の娘であったが、関東地方に居住しており、生前から女性の身の回りの世話は、介護ヘルパーに任せていたため、月に二、三回様子を見に来る程度であった。女性の死後、家をその娘が一年半ほど管理していたが、月に一、二回来て、空き巣が入っていないかを確認するのみで、遺品の片付けも進まず、そのままになっていたという。そこで、依頼者である娘が、不動産業者に家の売却を願い出たことにより住居に残された家財の処分が必要となり、このたび、遺品整理が行われることになった。しかし、依頼者ひとりでは、この一軒家の後片付けは困難なため、遺品整理業者を頼むこととなった[34]。

図 4-8　供養を待つ遺品
2016 年 7 月 14 日撮影

図 4-9　Cの遺品供養用祭壇
2016 年 7 月 14 日撮影

今回の作業では、業者が入るまでに部屋にある金銭や、遺族が残そうとするものは、遺族らによって回収されており、依頼内容は、住宅にあるすべての遺品の廃棄であった。Cでは、こうした遺族に必要とされない遺品を不用品と呼ぶ。業者が遺品整理作業に入る前には、依頼者から遺品の所有権を業者に移譲するという旨の書類にサインをもらう。これによって、遺品の相続の権利を遺族が業者に譲渡するという内容の契約が結ばれる。

依頼者によれば、本件の作業日の前日までは、家に仏壇を置いたままにしていたが、寺院に頼んで魂《たましい》抜き(35)をしてもらったあと、処分したという。また、作業当日の朝には、Cの他、金庫の処理のための鍵屋、エアコンを回収する電器店がそれぞれ作業を行っていた。

Cがまずここで行った作業は、部屋の中にある遺品を外へ運び出すことであった。一見、整然とした部屋であっても、引き出しや押入れを開けると、中には遺品が詰まっている。不用品となった遺品を運び出していくなか、一方では、皿類をダンボールの箱に詰め直していた。Cはリユース品として、家電、皿なども持ち帰る。このような古物(36)の再使用(37)は、リユースと呼ばれる。遺品整理においては、それらがある分だけ、廃棄物としての処分量が減るため、依頼者に請求する処分代金が減ることになる。また、現金や金券などがないかを確認しながら、燃えるごみ・燃えないごみに分類して、それぞれ透明のビニール袋に詰めていく。その他、鉄製の粗大ごみは、尼崎市では回収できないため、Cの作業所に持ち帰り、別途処分の手続きを行う。また、灯油、スプレー缶などの危険物もその場で処分せず、Cの作業所まで持ち帰る（図4-10）。

引き出しや押入れからは、常備薬、介護手帳、裁縫道具、便箋など、一般の家庭に日頃常備してあれば便利なものが出てくるが、この場では、すべて不用品として廃棄された。またクローゼットからは、大量の衣服が取り出され、その他にも、部屋に残されていた中身が入ったままの瓶ビールや紙パックの日本酒、ウィスキーなどが続々と現れた。また二階にあった木製のベッドは、作業員によって蹴り壊され、ベランダから外の庭にむかって、投げ出されていった。こうして、作業員は大量の遺品と対峙し、休む間もなく遺品の運び出しを行っていった。

遺品をすべて出し終え、掃除機で部屋に落ちた埃を吸いつくすと、屋内作業は終了となった。そうしているうちに、運び出された遺品で家の前庭が埋まってしまった（図4－11）。依頼者の娘もその量に驚き、その風景の写真を撮って、友人にメールで送って見せていた。遺品の屋外搬出が終わると、ごみ収集車でこれらを回収する。このごみ収集車は、Cが手配したものである。遺品の家具は、横倒しにされ、頭から入れ込まれると、ごみ収集車の収入口において、噛み切られるように破砕されながら、押し込まれていく（図4－12）。家具の木片やガラス片、金属の破片といったものは、ごみ収集車に砕かれると同時に、弾けて、車外に飛び散っていた。足元には、色褪せた古い写真が散らばっているのが見えつつ、作業は慌ただしくも、淡々と進んでいく。庭一面を覆いつくしていた遺品は、轟音を立てるごみ集収車のプレス機構に押し潰され、飲み込まれていった。遺品全体の八割ほどで、ごみ収集車の一台目は満杯となってしまい、計二台を使って、庭に出されたすべての遺品は目の前から姿を消した。その後、それらは家庭ごみ同様の廃棄物として、自治体の処分場へと運ばれていった。だが、これで終わりではなく、その他にも、自治体にて処理されない鉄くずや家具なども、業者の二トントラックを満杯にしていた（図4－13）。作業後、道路には回収車から漏れ出た廃液の匂いが立ち込めていたため、周辺の住人に配慮するかたちで、水でそれらを洗い流してから、Cの作業員は、その場から立ち去った（図4－14）。

Cの社屋に戻ると、持ち帰られた遺品の分別を行った。小型家電等を含む金属類は、業者作業所内の仕分け用コンテナに貯められている。そして、この分別用コンテナに、作業現場で回収した鉄くずを作業員が投げ込んでいく（図4－15）。

図 4-10　廃棄において危険物とされる遺品
2016 年 9 月 6 日撮影

図 4-11　前庭に運び出された遺品
2016 年 9 月 6 日撮影

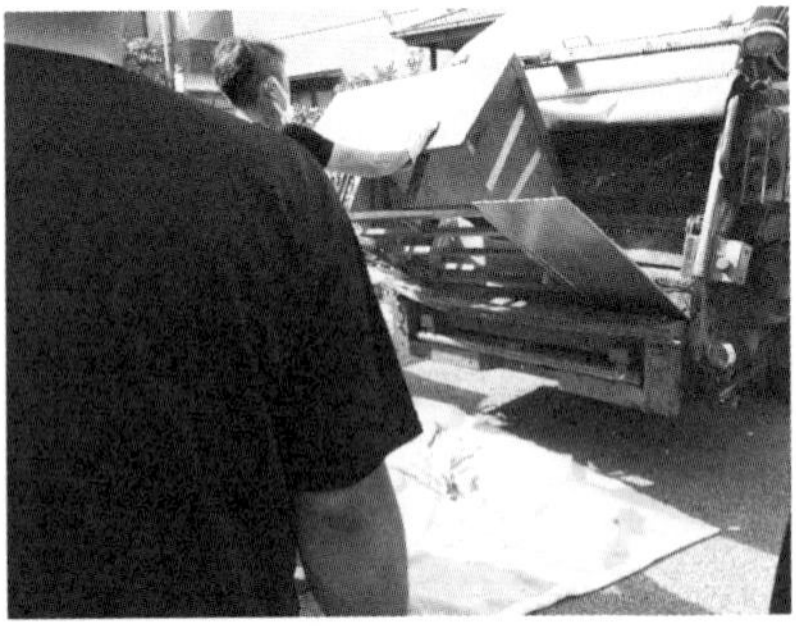

図 4-12　ごみ収集車に押し込まれる
遺品の家具
2016 年 9 月 6 日撮影

図 4-13　C の作業用品とともに回収した
鉄くずや家具を載せたトラック
2016 年 9 月 6 日撮影

図 4-14　立ち込める臭いを水で洗い流す
C の作業員
2016 年 9 月 6 日撮影

図 4-15　C の鉄くず等分別用のコンテナ
2016 年 9 月 6 日撮影

Cの事例（Ⅱ）――継承される遺品（両親の残した家と遺品整理（依頼者：遺族））

この日は、早朝午前七時一五分にCの社屋を出発し、社員と遺品整理の見積もりに向かった。[38] 今回の見積もりの行き先は、滋賀県東近江市である。西宮市から高速道路を使い、片道二時間の道のりを経て、現場へと到着した。

この事例では、葬儀社からの紹介により、Cに遺品整理の見積もりの依頼がきていた。これは、依頼者がその葬儀社の主催するセミナーに出席し、Cのことが紹介されたことによるものである。見積もり後は、その進捗を紹介先の葬儀社にも報告する。

山を背景に田園に囲まれた一軒家が、遺品整理を依頼された場所である。依頼者は、ここで一人暮らす五〇代男性であった。この家は、男性の実家で実父母が住んでいた。男性は、もともと京都や大阪で働いていたが、父母の死後約一年が経ち、この家に戻ってきたという。

まず、二階の一部屋の整理が依頼として持ちかけられた。依頼者は、以前大阪で住んでいたときの賃貸マンションを解約するために、そこに置いた荷物を持って帰り、この部屋に入れたいのだという。広さ八畳ほどのこの部屋には、タンスが四棹、ダンボールや、紙袋やビニール袋に詰められている服やタオル、引き出物でもらうような食品、食器など、使えそうで使われることのなかった遺品が部屋の中で背丈ほどの壁を作っていた。男性は両親の死後、この部屋に何が置いてあるか詳しく見ておらず、よく知らないという。

だが、この依頼者には残したい遺品があった。部屋には母の嫁入り道具である桐のタンスがあり、またどこかにへその緒もあるといい、それらは処分しないでほしいと依頼した。その他の遺品は不用品であるそうだが「母親のお遍路の装束があると思う」など、途中から依頼者の両親との思い出話とともに、必要な遺品が次々と指摘されていった。

一方で、話を聞いていると、遺品以外にも処分してもらいたい家財道具について、その場で思いつくように指摘される。たとえば、二階の廊下にも、引き出物や使っていないダンボール箱が積み重なっており、それらも処分してほしいという。その他にも、一階に下りると玄関に靴棚が二つ、中には依頼者の両親の靴がびっしりと詰まっており、これらも依頼者から処分の指示を受けた。一方、靴箱の上には、依頼者が現在も使っているガーデニング用品があり、それらは捨てては困るものだという。作業員は、依頼者の取捨選択に従い、注意深くメモを取っていった。続いて、依頼者とともに、キッチンに置かれたままの使う予定のない食品や食器、また家の庭に置かれた二つの物置（中は二畳ほどの広さ）の中にある農具や石油ストーブ、カーペットなどについても、処分希望のものとして確認していった。これら処分予定の物品の体積から、作業料金は見積もられ、後日、業者が依頼者宛てに作業内容の説明を含めた見積書を郵送することとなる。最後にC側が提示する業務内容の確認事項を示した「お見積りの個人情報等の取り扱いに関して」という書類に依頼者のサインをもらい、見積もりは終わる。

この場合、依頼者である子は、別居を経ながらも、死者との記憶の想起をもとに、桐のタンス、お遍路の装束、へその緒らに死者を見出し、その遺品をいわば形見として残そうとしていた。だが、その一方で、その他の多くの見覚えのない遺品の廃棄がここにはあった。

Cの事例（Ⅰ）（Ⅱ）で示されたように、親族が依頼者であっても別居を経ていたときには、遺品整理という契機に、突然、見知らぬ遺品と対峙するのである。（Ⅰ）では、依頼者の遺族にとっては、遺品を前にしても、悲しみより、遺品の量にみる驚きが勝っていた。それゆえに、多くの遺品の廃棄があったのであるが、この作業において、遺族の死別の悲しみがまったくないとは言い切れないとしても、もはや顕わにはならない。

Cの事例（Ⅲ）――身寄りのない者の遺品整理（依頼者：不動産業者）

さきほどの滋賀県の現場に引き続き、その足で、三重県松阪市での遺品整理の見積もりに向かった。(39)

次の依頼者は、遺族ではなく、不動産業者である。依頼は、不動産業者の管理する賃貸マンションにて、身寄りのない人が住んでいた部屋の後片付けとのことだった。今回の作業代金は、この不動産業者が払うこととなる[40]。このように依頼者として遺族が名を連ねない場合もある。

依頼者である不動産業者の店舗に赴き、遺品整理を依頼された部屋の鍵を借りたが、不動産業者側の見積もりへの立会いは行わないという意向により、遺品整理業者のみで現場に向かうこととなった。筆者とCの作業員は、部屋の前に到着し、ドアをノックしたあと、郵便受けから部屋を覗き、誰もいないことを確認して、ドアを開けた。部屋の中に一歩踏み出すと、床一面に粘着感があり、靴底が離れるたびにネチャネチャと音をたてた。それも床だけでなく、壁やそこにあるものすべてがベタついているようであった。風呂場の浴槽は、水を張ったままの状態で放置されていた。猛暑のなか、部屋が閉めきられたままになっていたことで、遺品から出る生活臭といったものが充満していた。業者がベランダに続く戸を開けると、新鮮な空気と日差しが部屋に注がれた（図4-16）。

遺品が残されたままであった部屋は、1K（六畳）、ベランダ付き、トイレ風呂セパレートといった間取りであった。依頼を受けた時点で、元の住人は病院で亡くなったとCは不動産業者から聞いていた。部屋は、そこに住んでいた人間が病院に移動した直後の状態で放置されていた。キッチンには、食後の食器がそのまま置いてあり、部屋の真ん中には、布団が敷かれたままで、枕元には吐血したような跡が直径三〇センチメートルほどの円を描き残っていた（図4-17）。さらに、よく目を凝らして床を見ると、布団を越えて一メートル四方ほど体液が広がった跡があった。この何かしらの体液は、血液が中心であるためか腐敗臭はなく、代わりにかすかに鉄の匂いがした。そして、誰かが部屋にあった衣類でそれを適当に拭いたのであろう、そばには汚れをぬぐったあとの衣類が入ったビニール袋が口も閉められずに置いてあり、そして、部屋の隅に目をやると、崩れた衣装タンスがあった。それは、汚れた床を拭くための衣類が誰かによってむやみに引っ張り出されたことを示していた。

Cの見積もりの目的は、部屋に残された遺品の量で、作業人員と廃棄物量を推しはかり、依頼者に提示する作業料金を決めることである。そして、建物周りにおける廃棄物を運搬する車両の停車空間の確認など、作業遂行の手順は、この時点で計画されていく。しかし、この作業とはまったく別の文脈で、目に映る遺品から元住人の生活の情景が想起される。かつての住人の姿は、残されたひげそりや衣類などから男性と推測される。住人はこの部屋のすべての物品それぞれに、置き場所を決めていたかのようである。押入れには、フライパンや食器がていねいに向きを揃えて置いてあった（図4-18）。また机の隅を埋めるように、一つ一つ切り取られ並べられた薬（図4-19、図4-20）、オーディオ機器の上に置かれたままのおくすり手帳、積み重ねられ整列するトイレットペーパー（図4-21）、また、テレビの上には犬のぬいぐるみが置かれていた。

図 4-16　住人の死後、そのままの部屋
2016年9月8日撮影

この見積もり後、Cの作業員は、作業実施の契約として必要な書類を依頼者である不動産業者に郵送し、後日、そのまま依頼者との話が進めば、遺品整理作業へと進んでいくこととなる。この現場では、リユースが可能となるような衛生的な食器も、家具も、家電製品もなく、Cと不動産業者との契約が進めば、ここにある遺品は、すべて廃棄物として処分される(41)。

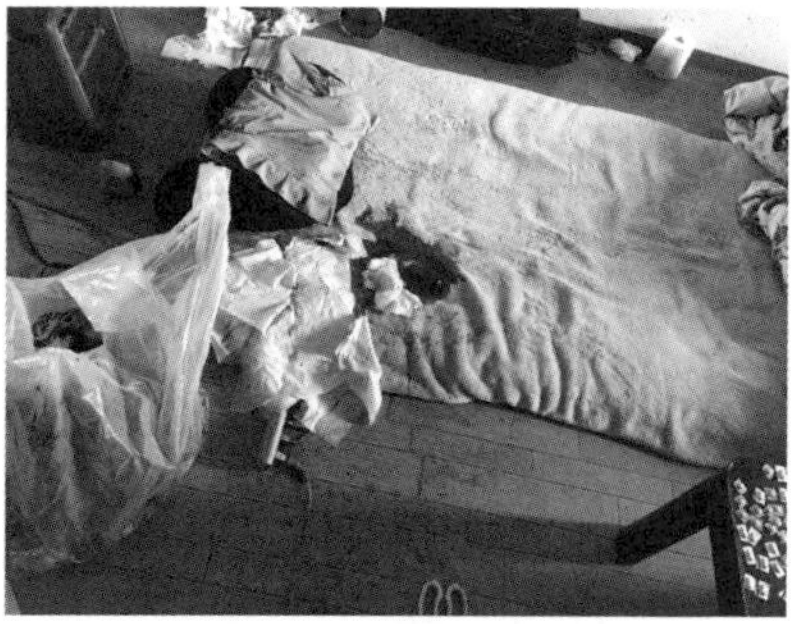

図 4-17　残された布団
2016 年 9 月 8 日撮影

図 4-18　整列する調理器具等
2016 年 9 月 8 日撮影

図 4-19　机の上に置かれた薬
2016 年 9 月 8 日撮影

図 4-20　他、残されていた遺品 (1)
2016 年 9 月 8 日撮影

図 4-21　他、残されていた遺品 (2)
2016 年 9 月 8 日撮影

図 4-22　他、残されていた遺品 (3)
2016 年 9 月 8 日撮影

（3） 孤独死と遺品整理業

ここまで、遺品整理の作業事例から、遺品整理業者と依頼者との遺品の処理をめぐるやり取りを示した（藤井 二〇一八）。遺品整理においては、遺品のあった空間である住居の処理も、作業の一つとして遂行することが求められる。しかし、その作業現場の状況は、亡くなった人の死亡状況によっても異なり、それは、時に作業対象の遺品と空間に影響を与えることになる。

作業現場の空間的状況にも着目するために、さらに、孤独死の事例を取り上げる。孤独死とは、死亡時点において、誰にも看取られなかった死である。第三章でもみたが、現代で孤独死が問題となる背景には、世帯構造の変化として、独居者の増加という要因が挙げられる。独居者の住居内の事故や、病気による突然死を考慮すれば、誰にも看取られず、気づかれずに死んでいく人は、図らずも現れる。そして、周辺の住民にとっては、赤の他人の予期せぬ孤独死が隣家で発生しうるのである。

遺品整理業者キーパーズの書籍に描かれた主な内容も、孤独死現場の清掃および、その遺品整理の様子についてであった。[42]それゆえに、孤独死が社会福祉の課題として扱われる際に、その処理の担い手として、遺品整理業が挙げられている（結城 二〇一二）。遺品整理業と孤独死が関係づけられるのは、とくに遺体の腐敗がともなう点においてである。孤独死が特殊・異状な死として問題となるのは、現代で想定される死からかけ離れているからである。N・エリアスが「これから死んでゆこうとする人々が、かくも衛生的に健康な人々の目の前から姿を消し、社会生活の舞台裏へと追い払われるようなことは、人類史上未だかつてなかったことである。未だかつて、ヒトの死体がかくも無臭のままに、これほどの技術的完璧さをもって臨終の部屋から墓地へと運送された例《ためし》はない」（Elias 1982＝二〇一〇：二六）と指摘するように、文明化とともに、現代では科学技術によって死は衛生的に管理されるようになった。しかし、孤独死は誰にも看取られなかった死であり、その遺体の発見の遅れによっては、時に腐敗し、悪臭を発する場合がある。そして、遺族や周囲の人々は、この異常な状態で残された遺品や部屋の処理という課題に直面する。これに対し、遺品整理業は、孤独死のあった場所を技術的完璧さをもって、もとの衛生状態に戻す役割を担う業種として登場する。

Cの事例（Ⅳ）――死臭

ここで、Cへの調査において立ち会った、ある孤独死の事例を提示しよう。[43] この作業に参加したのは、Cの社員一名とCのフランチャイズの作業員一名と筆者を含め計三名であった。依頼された作業現場に向かう社用車には、作業道具として掃除機や、ちり取り、台車などに加えて、ゴム長靴と消毒液を詰めたスプレーを載せていった（図4-23）。作業着は通常の業務とは異なり、特殊清掃用のものであった。特殊清掃とは、孤独死に限らず、自傷や他殺によって血痕が飛び散った現場など、遺体や体液の処理が含まれる清掃作業のことである。特殊清掃用のオレンジ色のつなぎの作業服に加え、顔には紙マスクを装着した。

作業現場となったのは、兵庫県内にあるマンションである。この場には、依頼者（故人の父）が立ち会いに訪れていた。依頼者は、作業自体を見ることはなかったが、それが終わったあとの部屋の様子を確認していた。亡くなったのは、五〇代男性であり、二〇一六年七月から病気による休職状態であった。依頼者によると、故人が退院してすぐの八月五日に依頼者の妻（故人の母）が住居を訪れたが出てこず、帰り際にマンションの外に出て部屋の窓を見ると故人がこちらを見ていたので、居留守を使われたようだったという。[44] しかし、それが依頼者らと故人との最後の接触となった。警察の調べによると、八月七日が死亡推定日とされる。[45] 九月二日に依頼者の妻が部屋を訪れた際に、本作業に至る事態が発覚した。その後、Cへの依頼があり、この現場の作業見積もりが九月四日に

図 4-23　社用車に載せられた作業道具
2016 年 9 月 12 日撮影

図 4-24　黒ずんだ体液の上に新聞紙が敷かれている
2016 年 9 月 12 日撮影

行われた。

　かつての住人は、玄関と部屋をつなぐ廊下で亡くなっていたとみられた。気温三五度を超える日が続いた二〇一六年の八月をともにしたこの部屋の廊下には、直径一・五メートル程度の炭のような黒い液体が広がっていた。その上には新聞紙が被せられていたが（図4-24）、ところどころ液体は乾かぬままであった。作業開始時には、遺品を運び出す際に踏んでも靴が染み濡れないように、その上にダンボールを被せた。この体液と思われる液体から生じる臭いは、マンション三階のフロアを占領し、階段を流れ、階下へと広がっていた。このような遺体の腐敗によって生じる臭いのことをCの作業員は死臭と呼んだ。この臭いは、言うなれば残飯や牛乳が腐ったものと同様であり、腐ったタンパク質が放つ酸気に加え、液体を黒く淀ませている血液の鉄分の臭いが混じっていた。Cの作業員の一人は、ゴム手袋を着け、手に持ったヘラを使って、その黒く固まり始めた液体を床からそぎ落とし、とり残した部分を消毒液で溶かしていきながら、タオルで拭き取っていった。Cの作業員は、この体液の洗浄作業を「洗《あら》い」と呼んでいた。人の体液に触れる作業であるこの洗いについては、二万円程度が作業料金に上乗せされる。作業後は、使用したヘラやタオルはすべて廃棄された。ここで汚れたものは、ほかの遺品と同様に、燃えるごみの袋に入れられたが、その臭いがもれないようにごみ袋は二重にされ、口はしっ

図 4-26　部屋にあった遺品
2016 年 9 月 12 日撮影

図 4-25　部屋にかけられたままの一着のTシャツ
2016 年 9 月 12 日撮影

かりと閉じられていた。

当日午前八時ごろより始められた本件の作業中は、つねに、玄関の扉が開けられ、部屋のエアコンで風を送っていたため、マンションのフロアには、死臭が憚ることなく流れていった。一方、マンションの下の階のパン屋からは、焼きたてのパンの香ばしい匂いが立ち込めており、それらは同じ場所で交じり合っていた。遺品を階下へと運搬する最中には、マンション住民とみられる人々と度々すれ違いながらも、淡々と作業は行われた。作業では、エレベーターの入口、壁などに養生マットを設置していたが、引越しでの作業同様、建物に傷が付くことによる商品価値の低下に配慮してのことだとCの作業員は言う。[46]　1DKの部屋に残された遺品（図4−25、図4−26）は、クローゼットにスーツが数着、トイレに雑誌や洗面道具、部屋にはソファ、ベッド、タバコ、小型ブラウン管テレビ、DVD・VHS等録画再生機、ラジカセ、音楽CD、カセットテープ、ライターなどがみられた。すでに部屋には、殺虫剤を使った処理が行われていたようであるが、部屋にはネズミの糞がところどころ落ち、ハエも数匹飛んでいた。

本作業では、これらの部屋にある遺品はすべて廃棄物として扱われた。孤独死の現場では、最初に警察が事件性を調査する時点で、貴重品等は回収されるため、それらを探し出す作業の必要はない。[47]　部屋からの遺品の搬出は、一時間程度で終了した。その後、遺品がなくなった部屋には、別の特殊清掃業者が消毒のために入った。この業者は全身を白い防護服で包み、厳重なガスマスクを付け、消毒剤を部屋に噴出させていった。

Cが回収する遺品は、テレビや洗濯機などの家電リサイクル法に則った処分が必要となるものだけであり、これらはCの社屋に持ち帰って、処分の手続きが進められていく。その他の遺品は、Cが手配した自治体の回収業者のトラック二台に粗大ごみ・燃えないごみ・燃えるごみとして分別され、回収された。現場での作業の終わりを依頼者が見届け、作業代金（本件は約二〇万円）の精算が済むと、その後は「完了施行報告書」と処分品に関する契約書に依頼者からサインをもらい、Cはその場を去った。Cの社屋への帰路、社用車に載せていたテレビ、冷蔵庫などの電化製品には、しっかりと死臭が染みついており、車内にはその臭いが広がっていた。

臭いと廃物化

以上、孤独死の清掃の事例をみてきたが、そこでは、死臭が問題となっている。そして、遺品に染みつき取れなくなってしまった死臭は、遺品を廃物化させる要因となっていた。

Bでも同様に、孤独死現場の遺品整理および特殊清掃が行われているが、代表のN氏によれば、部屋を管理する不動産業者からの依頼では、死臭と遺品を片付けて部屋を「空っぽにしてほしいと言われる」[48]という。B・Cともに、特殊清掃作業においては、作業員による作業だけでなく、高濃縮オゾン発生装置で、約二週間かけ、部屋を乾燥させることで、死臭を取り除くことも行っている。[49]そして、Bでは、その作業終了の際、依頼者に立ち会ってもらい、無臭になったことを確認してもらうという。

これらの場所で遺品整理業が行うこととは、死者の痕跡の物理的な消去である。より具体的にみれば、死臭をまとった部屋に立ち入り、残された遺品や体液といった死の痕跡に触れ、それらとともに死臭を取り去ることが、遺品整理業の提供する一つの商品である。この作業を業者に委託するようになるのは、一つには、消臭や消毒といった薬剤・機材を用いた専門的な科学的技術を業者が有していることが挙げられる。澤井は、死は医者や葬儀社などの「専門家」によって管理され処理されるものとなり、社会システムの機能障害を最小限にとどめるために、死をできるだけ合理的かつ迅速に処理し、関与者を「正常」な状態へと速やかに復帰させることが、その基本姿勢となると説明する（澤井 二〇〇五：一四一）。たしかに、孤独死という死亡状況により生じた問題に対して、遺品整理業が携わる部分には、住環境の衛生的復帰（これは不動産の価値にも関係する）が求められていたと言えよう。

だが、それらがあえて特殊清掃と呼ばれるのは、単純に物質の物理的除去のみならず、同時に死の意味に触れ、取り去る業務であることが含意されているからである。言い換えれば、このような体液や死臭の染みついた遺品というものの処理は、死の意味と切り離しがたい作業である。だが、それらがもはや周辺の住民にとっては、業者のような外部の人間に任せきりにしても問題のないものとなっている点について、指摘しておく必要がある。先の事例のマンションや周辺の住民にとって、孤独死の現場にある臭いや汚れといったものだけでなく、死の意味も、極めて単純に遠ざけられるべきものであった。そして、言うなれば、この作業現場では、服喪儀礼の欠如がある。実際、周囲の住民は、作業中に流れ込む死臭に、ここで起きた事態を察しながらも、何事もなかったかのように通り過ぎていた。このマンションの住人である彼らも、遺品が部屋から搬出され、部屋が清掃されていくことの恩恵を受けるのだが、遺族でもない、生活環境がただ近かっただけの隣家の人間にとって、見知らぬ人間のその「『自然』死は、集団がそれに何の役割も演じていないのだから、意味のないものである」（Baudrillard 1976＝一九九二：三八六）。このような孤独死の処理では、儀式を講じて、死の持つ強迫的な恐れを和らげるようなことよりも、物理的な汚れ、または悪臭が洗い流され、消臭されることができれば解決となる。周辺住民にとっては、死臭が消え、遺品が片付けられることによって、死があったことは見えなくなるのである。[50]

（4）リユース事業にみる遺品

また一方で、遺品整理業の役割は、遺族への形見分けの手助けをすることや、不要とされた遺品の廃棄物としての処理を進めるだけではなく、依頼者から売却された遺品を引き取ることも含まれており、遺品整理業は中古品としての再使用（リユース）を行っている（藤井 二〇一九b）。以降、遺品整理業が行うこの種の処理の様子を追ってみていく。

まず取り上げる事例だが、ここでは誰も亡くなっていないことをはじめに注記しておく必要がある。しかし、ここにこれを取り上げる理由は、遺品とそうでない物品の境界（すなわち死者の意味があるかないか）が、Cの社内倉庫での作業のなかで消滅していくことを示しているからである。

今回運び出される物品の所有者は、とある老夫婦であった。[51] この老夫婦の娘が、今回の作業の依頼者であり、部屋のモノのほとんどは、すでに依頼者によって片付けられていた。じつは、過去にも、同じ依頼者からCへの依頼があり、業務が行われていた。それは二〇一五年の四月、依頼者の母が骨折で入院した際に、老夫婦二人が暮らす部屋が、崩れるほど積み上がったモノでごみ屋敷と化していたことが判明したときであったという。[52] そのときについては、一部屋一〇万円程度で、Cが物品の処分を行っていた。この老夫婦は、その後、認知症と診断され、このたび福祉施設へと移ることとなった。今回はその転居を契機として、不要となる物品の処分のために、再びCが依頼を受けたのである。

作業現場は、西宮市にある分譲マンションの二階の一部屋であった。Cの二名の作業員により、午前九時から作業は始まった。ここには、老夫婦の娘の夫も、作業の手伝いに来ていた。行われた作業は、主に書棚やタンス（図4-27、図4-28）、冷蔵庫、またエアコンなど廃棄処分される家財道具（図4-29）の部屋からの運び出しである。今回

図 4-27　C が引き取る家具の一部 (1)
2016 年 9 月 10 日撮影

図 4-28　C が引き取る家具の一部 (2)
2016 年 9 月 10 日撮影

は、一〇棹ほどもあったタンス類がCにリユース品として引き取られた。Cの作業員がそれらを部屋から運び出しては、二トントラックに積み入れる作業を繰り返し、その後、Cの倉庫に持ち帰った（図4-30）。部屋から運び出した冷蔵庫と外見の損傷の少ない書棚二つは、依頼者の要望により、老夫婦が移居する福祉施設に寄付するため、その施設に運搬し、設置した。全体の作業は午後一時には終了し、全工程は四時間程度であった。

この事例では、住居の移転をきっかけとし、依頼者から不要とされるモノを遺品整理業が引き取る様子がみられた。住居からの退去においては、住人だけではなく、住人の所有物も移動しなくてはならない。モノが存在する限りにおいては、それを置くための入れ物が必要である。つまり、追い出されるモノには、次の居場所としての空間が必要である。この事例においては、福祉施設に移動する夫婦とともに、彼らの所有物も同時に出ていくこととなるが、もちろん、入居先に合わせて持ち込めるモノの量には、制限がある。ここで行く場所を失う家具などの引き取り手として、遺品整理業は登場していた。そして、行き場を失うモノの新たな行き場として遺品整理業の中古商品を扱う倉庫があり、一方には、廃棄物処理場があった。

Cのリユース業務

ここからは、Cのリユース業務の様子を記述していく。(53) 再使用可能な資源であるリユース品として、遺品整理などで依頼者から引き取られてきたものが、C本社の倉庫に集められていた。Cの海外リユース事業部では、それらが利用可能なものかどうか検品し、仕分ける作業が行われている。

この倉庫での作業において、回収後のリユース品は、商材と呼ばれていた。Cでは、インターネット通販業者、中古品リサイクル販売業者、引越し業者、運送業者らが持ち込みでリユース品を運んできている。これら業者から届けられるリユース品は、雑貨、衣類などがあり、それらは大まかには分別され、持ち込まれているが、この倉庫では、さらに細かな仕分作業が行われることとなる。

図 4-29 業者のトラックに積まれた廃棄処分されるモノ
2016 年 9 月 10 日撮影

図 4-30 C の倉庫に移動したあとの家具類
2016 年 9 月 10 日撮影

そこでは、布団、ポーチ、財布、ぬいぐるみ、靴、カバン、メガネ、衣服、帽子などと、それぞれ分けられるなかで、特段汚れているものは廃棄される。これは家具類も同様である（図4-31）。リユース品として集められている家具は、決して保存状態が良いものばかりではない。Cの海外リユース事業部では、商材に適さないと判断する「家具廃棄基準」を次のように設け、社内に掲示していた。

・合版：表面、側面に一センチ以上のキズ、取れない汚れシール等がある場合、廃棄。
・無垢：表面二センチ以上、側面五センチ以上、キズ、汚れ、シール、取手の破損や欠損がある場合、廃棄。

その他、アクセサリー、おもちゃ、ギフト商品、タオルや食器、調理器具、CD、ゲーム機類も集められていた。また、リユースされる食器類は、陶器・ガラス製のものだけではあるが、倉庫作業にて一枚ずつ新聞紙で包装され、ダンボール箱に詰め直されていた（図4-32）。これらは、輸出先のタイ、フィリピン、カラチなどの海外の業者に引き取られる。また、海外の輸入業者がC（輸出業者）に特定の商材を要望する場合もあり、それらはリクエスト商品と呼ばれていた。このリクエスト商品には、アクセサリーや自転車（図4-33）が例として挙げられる。このようなリユース品は、輸入業者と一キロあたり一〇円程度で売買されるという。

輸出時の手続き書類として「INVOICE（送り状）」があるが、これには運搬物を示すものとして「VANNING LIST（積み荷リスト）」と「PACKING LIST（梱包明細書）」がある。「VANNING LIST」とは、コンテナの中で、奥から手前へと、すき間なく詰め込まれた商材によって形成される一面ごとの層（図4-34）についての説明文書である。これには、詰め込まれた各面の商材の明示と、その写真が必要とされていた。また「PACKING LIST」とは、コンテナの内容物についての説明文書である。これは、商材の品目とその重量を示す書類である。たとえば、

Cの過去のある取引において使用された「PACKING LIST」に記載された商材の各品目の詳細は、次のようであった。(54)

食器（陶器）、食器（ガラス）、ギフト用品、時計、調理器具／台所用品、置物、おもちゃ、ぬいぐるみ、カバン、靴、文房具、掃除用具、帽子、額、人形、キャンプ用品、ゴルフバッグ、ゴルフクラブ、ゴルフカバー、その他スポーツ用品、スーツケース／旅行鞄、健康器具、折りたたみ椅子、オフィス椅子、椅子（木製）、座椅子、椅子（ステンレス）、クーラーボックス、ハンガー／ハンガーラック、傘／折りたたみ傘、杖、パラソル、アイロン台、ラケット、ダイニングセット、テーブル（木製）、スリッパラック、チャイルドシート、ベビーカー、ベビー椅子、ベビーバスタブ、ベビーガード、ベビーサークル、パソコンラック、食器棚、整理ダンス、ワードローブ、和ダンス、ベンチ（木製）、小型家具、サイドテーブル、ソファ、仏壇、靴箱、鏡台、本棚、テレビ台、ござ、釣具、風呂用品／洗濯用品、アクセサリー、メガネ、ベビー用品、マット、ネクタイ、財布、ベルト、車用品、ポーチ、鏡、パンスト、スカーフ、雨具、エプロン、日用雑貨、ペット用品、ストール、ＢＢＱセット、レターケース、空気入れ、パーテーション、ゴミ箱、傘立て、クッション、歩行器、エレクトーン、マッサージチェア、提灯、カゴ、布団、プラスチックケース、マットレス、おむつ、工具、服、タオル類、裁縫道具、スピーカー、ピアノ椅子、折りたたみテーブル、テーブル（ガラス）、学習机

この「PACKING LIST」とともに、内容物自体の写真も必要となる。コンテナ一つ分の輸出につき、写真は全部で二〇〇－四〇〇枚にのぼり、輸出先のバイヤーや税関は、これらを見て審査する。仕分けされた商材は、ダンボール箱に入れられ（図4-35）、計量器に乗せられると、表示された数値も画角に収めて撮影される（たとえば、写

真を見て「靴 一二・七〇キログラム」と判断できるようにしている）。

二〇一六年九月一六日分の輸出用コンテナへの積み込み（予定）は、次のようであった。

・リクエスト品としてコンテナ積み込み自転車三〇〇台

・定量（通常の半分量）、タンス一〇―一一本、小型家具二〇本、ベビーカート、その他二一―三カート、椅子二カート、ゴルフグッズ一カート、おもちゃ一カート、ソファ四台、テーブル七―八台、食器（二〇〇キログラム）、インターネット通販業者用商材三箱、マットレス二枚、（コンテナの隙間が空いた時）プラケース六〇―七〇個、（隙間商材）服飾雑貨一カート、ぬいぐるみ一カート

そして、輸出用コンテナにこれら商材を積み込んでいくが、本棚、タンス、テレビ台などの家具の引き出しや隙間には、ペンや雑貨といった細々とした商材が詰められていった。カバン、ぬいぐるみ、ベルトなどは、それぞれ透明なビニール袋に詰められたうえで（図4-36）、大きな家具類のあいだに入れられていった。業者は、これらを隙間商材と呼んだ。これら隙間商材によって、商材と商材の隙間を余すところなく、埋めるのである。また、タンスや家具の引き出しや、隙間に詰め込む小さな商材は、タンス商材と呼ばれ、雑貨、小さい人形、おもちゃ、文房具、箱に入ったままの食器類などが詰められていった。他にも、布団類が商材であり、かつコンテナへの詰め込みの際の緩衝材として、積まれていた。

以上のように、輸出するための物品とそのときの契約書類を用意することが、Cの海外リユース事業部の主な作業であった。ここでのリユース業務は、自社で行った遺品整理作業で回収した家財道具、食器類、家具といったものに限らず、国内のリサイクルショップや引越し業者から回収・買い取りしたものが集められていた。すなわち、

図 4-31　商材の家財道具
2016 年 7 月 14 日撮影

図 4-32　仕分けられたカバン類と
箱に詰め直された食器類
2016 年 7 月 14 日撮影

図 4-33　商材の自転車
2016 年 9 月 6 日撮影

図 4-34　コンテナに詰め込まれた商材
2016 年 9 月 16 日撮影

図 4-35　品目ごとに仕分けられた商材
(左から調理器具、額縁、靴)
2016 年 9 月 15 日撮影

図 4-36　商材のぬいぐるみ
2016 年 9 月 15 日撮影

ここでは遺品整理の場から引き取られてきた遺品も、他のリユース品として集められてきたものとともに混在していたのである。そして、それら集めたものを新たな商品へと変えることが、この業務の目的であった。

三　小括

これまでの遺品整理業への調査の総合から、遺品整理が進む段階は次のように示される。

①遺品の問題化
所有者の死が契機となり、遺品の処遇が問題化する。

②遺品整理の依頼
依頼者が遺品整理業に遺品整理を依頼する。それによって業者は当該作業の対象となる場所に出向き、作業見積もりを行う。そこでは、遺品の量や部屋の広さから、必要な作業員の人数、作業用具などが推し量られ、作業料金が設定される。これに依頼者の合意がともなうことで、作業契約が結ばれる。

③遺品の分類
遺品整理の作業現場では、まず、業者と依頼者によって、遺品の選別が行われる。ここで、依頼者の所有物となるものと依頼者から手放されるものを選別する。

④遺品の排出
遺品が依頼者へ、あるいは業者へと引き渡されることで、遺品はその作業現場である空間から排出される。遺品

を運び出したあとの部屋の清掃が行われると、現場作業は終了となる。

⑤遺品の処分

遺品整理の場から排出され、移動する遺品のその後の配置だが、依頼者のもとに引き取られていくものには、形見がある。しかし、依頼者が手放すことになった遺品については、業者が依頼者から買い取り（依頼者から業者へ、遺品を移譲するための手続きとして、遺品の売買がある）、供養品（廃棄の対象となるが、そのまえに、お焚き上げと呼ばれる儀礼的処理が行われる遺品〔その対象として、たとえば、仏壇・仏具、人形などが挙げられる〕）と呼ばれるもの、中古品市場へと流通される中古品・リユース品、あるいは廃棄物処理場へと運ばれる廃棄物として選別されるといったように、遺品は新たな社会関係のもとに配置されていく。

これまでの調査から、遺品整理作業における三要素を図4-37に示した。図中の「遺品整理の依頼者」「遺品整理の目的」「死亡状況」の三点により、遺品整理の場の具体的な状況が再現される。

まず、遺品整理を主導するのは、依頼者である。これには、まず、死者の遺族がいる。その主なものは、死者の子か親である。依頼者が遺族となる場合には、遺品整理を行う場に遺族が連れだって立ち会い、作業を見守ることがある。まず、BのN氏の語りに表れていたのは、死者が保存していた手紙を見つけた遺族や、そっと残しておいた遺品を持って帰る遺族の姿である。同様に、Cの事例（Ⅱ）において、両親の遺品が残された空間に住む遺族である依頼者が、桐のタンスやへその緒、お遍路の装束など、個別具体的な遺品を通して、死者の生前の姿を想起することを可能にしていたように、遺族の記憶に頼って、個別具体的な遺品に死者は見出される。このような死者についての記憶と遺品が結合したとき、それこそ残す価値のある代替不可能のものが現れる。これが形見となる。

しかし、形見となりうる遺品は、あくまで、死者を思い起こさせることができるものに限られている。依頼者に

1　遺品整理の依頼者	2　遺品整理の目的	3　死亡状況
・遺族 ・不動産業者、大家 ・葬儀業者 ・行政等	・遺品の処理 ・空間の処理	・（家族等との）同居 ・独居 ・医療機関等、施設での死亡 ・腐敗の進んだ孤独死

図 4-37　遺品整理作業における三要素

とっては、すべての遺品が継承するべきものとしてあるわけではない。遺族が、死者らとは同居していなかったということは考慮されるべきことであり、遺族と経験をともにしなかった遺品には、所有者であった死者像を紡ぐまでもなく、形見となるものはほとんどない。しかし、すべての遺品を廃棄物として扱うことはできない。そこで登場する技術が供養である。Bの事例にお焚き上げという供養のための選別があったように、遺品整理の空間では供養するもの、すなわち供養品という分類がある。供養品は、死者にまつわる霊性が宿っていると認識されるために、それらを取り去るための儀礼的行為が施される遺品の分類であり、供養の後には廃棄処分となる。

また、これら遺品の処理が要求される背景には、遺品が残されたままの空間についても考える必要がある。モノが存在するためには、その入れ物となる空間が必要である。住宅はわれわれが寝食をとるうえで必要な空間であり、また所有物の保管場所としても機能している。しかし、所有者の死により、住居には、所有物である遺品は残されたままになる。また、遺品だけでなく、住居にみるような遺品が放置された空間があることも、問題視される。

Cの事例（Ⅲ）にみた、身寄りのない者の遺品整理の依頼者である不動産業者にとっては、住人の死後そのままになった部屋は、商品としての機能を果たしていないことが問題であった。賃貸住宅は、不断に新しい居住者を求め、そのための体裁の整備が行われる。このような空間の処理の担い手としても、遺品整理業は必要とされている。そして、この作業事例では、もはや遺族など居合わせず、ゲマインシャフトなきままに、ゲゼルシャフトの中だけで遺品整理が行われようとしていた。この事例で、部屋に残されていた遺品は、かつての住人の生活の姿をありありと示したが、依頼者であった不動産業者は、個人の残された遺品に対して、共有した経験もなく、愛着も、悲しみもないままに、遺品の処理という問題と対峙していた。ここで重要なのは、依頼者が不動産業者の場合にある、遺品が放置されたままの空間へ向けられる問題意識、つまり、空間の処理という目的である。不動産業者という依頼者にとって、その場所は、あらためて秩序を編成しなければならないところである。この事例で、遺品整理業に求められていたのは、依頼を受けた空間の商品価値を取り戻すことである。これは、すでに挙げた事例にもみられていた側面だが、遺族のいないこの事例では、より明確である。不動産業者が供給する住宅という空間は、再び商品として新しい居住者である消費者を求めるがために、商品としての体裁が整備され続けるのである。

また、遺品整理における遺品の扱いは、死亡状態によっても異なる。孤独死の事例を取り上げたが、現場の主な作業は、部屋から遺品を搬出し廃棄することと、体液が広がった部分の洗浄であった。また、孤独死のあった空間に残された遺品には、遺体の腐敗臭である死臭がついてしまっているために、何一つリユースされることはなく、廃棄処分とされていた。Cの作業員がトラックではなく、軽自動車でその現場に向かったのは、死臭のせいでリユースできるものとして持ち帰る遺品がほとんどないからであった。すなわち、孤独死の現場に特徴的である取り除けない死臭は、遺品を廃物化させる要因となっていたのである。

一方、この臭いのない場合については、他の選択肢が残されていた。それは、遺品が中古品として、あらためて市場に出る価値を与えられることである。Cの倉庫には、依頼者から不用品とされ引き取られた遺品とともに、他のリサイクルショップから集められてくるような物品が一緒くたにされていた。何が遺品であったかは、現場から遺品を運んできた作業員の記憶の中でしか、判然としない。ここでは、もはや、それらが遺品として扱われることはなく、倉庫に送られ、作業員の手から離れる時点で、商品という別の姿へと変貌するのである。ここで、Cにおけるリユース品の分類である「PACKING LIST」を思い返されたい。Cの倉庫の商材は、品目リストに示された分類のふるいにかけられ、椅子や、ぬいぐるみとして、記号化されるとともに、商品としてよみがえり、市場にまた戻っていくのである。

以上の事例で遺品整理業は、遺品を新たに管理される場所、つまり遺族などの依頼者、廃棄物処分場、リユース品を仕分ける倉庫へと、その運搬に携わっていた。それは、遺品を新たな社会的な居場所へと送り出すことを意味している。そのためにまず、図4-38に示したような遺品の分類が行われている。そうして遺品が行きつく先は、一方で、中古品市場であり、また一方で、国家行政の支配下にある廃棄物処分場である。

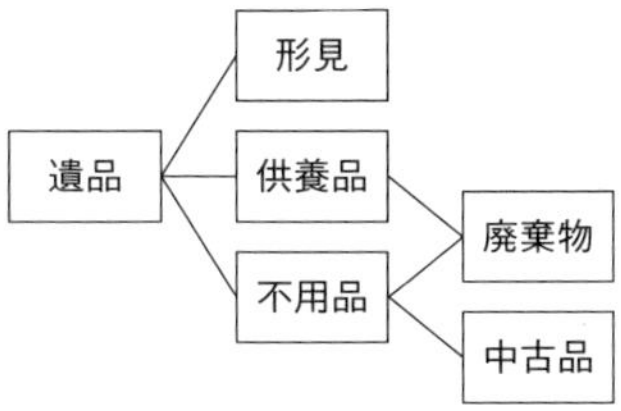

図4-38　遺品整理における遺品の分類過程

こうした分類から、図4-39に示されるような遺品整理の三視角が明らかになった。この三視角に基づいて、遺品に居場所を与えることが遺品整理業の社会的役割である。まず挙げられる遺品の継承は、いまなお、遺品整理が象徴交換に支配されることを示している。死者からの遺品の贈与を受ける遺族の死のゲマインシャフト化の手助けとして、遺品整理業は遺品の選別に加わる。ただし、その他の処理の視角では、もはや、遺品は死や死者といった意味を失っている。その一つである遺品の商品化は、遺品の市場への再登用である。そこで、遺品は使用価値に見合った価格（交換価値）が付けられる。また一方の遺品の廃物化は、遺品が何らの象徴的意味を持つこともなく、商品価値も見出されないことによる最終的な対処である。だが、廃棄物となることは、法的位置づけのもと行政の管理下に移動することでもあり、こうして、遺品は廃棄物処分場という居場所を得る。遺品が廃棄物と分類されるとき、その遺品はあらゆる価

遺品の継承	商品化	廃物化
・形見	・中古品（リユース品・商材など名称さまざま）	・供養品 ・廃棄物

図 4-39　遺品整理の三視角

値が見出されないものとしてありながらも、廃棄物という身分を得る。フーコーは、分類の思考を説明する。Même＝同一者に対し、Autre＝他者[55]とは「文化にとって、内部のものであるとともによそものでもある、それだけに排除されるべき（内なる危機を祓いのけるため）でありながら文化のなかに取りこまれる（その他者性を弱めるため）」（Foucault 1966＝一九七四：一二三）。つまり、廃棄物という身分を与えることは、外部に排除されるべきものとしながらも、廃棄物としてゲゼルシャフトの管理下に置き、取り込むのである。

遺品の商品化や廃物化は、死のゲゼルシャフト化の過程での出来事であり、ここでは遺品にあったはずの死者の記憶は消滅する。それゆえに、市場と廃棄物処分場のあいだを、遺品は象徴交換の観念にさいなまれることなく、等価交換によって、容易に移動することになる。たとえば、西宮市（環境局環境事業部美化企画課）は、二〇二二年一〇月二四日からフリーマーケットアプリ「メルカリ」に公式ショップをオープンし、市が回収した粗大ごみの中古販売を行っている。このように、行政が廃棄物から商品を生産し、資本を回収することにみるように、商品と廃棄物のあいだで商品価値を搾り取ることが繰り返されることになる。そして、このサイクルは最終的に、市場商品にはまったく不十分な廃棄物の蓄積へと向かうのである。

以上の遺品整理業の作業事例から明らかになったのは、遺品に新たな所有者を与え、あらためて社会関係のなかに位置づけられなければならない、といった遺品へのまなざしである。遺品が、形見として継承されるか、商品となるか、廃棄されるか、そのどちらにせよ、遺品整理とは所有関係の整理である。これが遺品整理を行う意味であり、遺品整理とは、所有者を喪失したモノに、新たな所有者をあてがう行為である。そして、新たな遺品の所有者の確定をめぐる過程が、資本主義的対処（商品取引）によって行われていることこそ、遺品整理業の登場の意味することなのである。つまり、ここに遺品に対する死のゲゼルシャフト化の浸透が明らかになった。これにみるように、死の商品化・産業化という問題は、葬儀のような死者儀礼の商品化だけでなく、遺品の商品化に示されるように、死者の日常生活の痕跡も商品化しているという側面も含めて、捉えなければならないのである。

次章では、これまでの議論を振り返りながら、結語として、本章で明らかになった遺品への死のゲゼルシャフト化の浸透が何を意味するのかについて、考察していく。

注

（1）二〇一六年時点の遺品整理業数は、藤井（二〇一九a：九四）に示した。
（2）紙面の原文には氏名が記載されているが、ここでは仮名Xとして伏せた。
（3）産経新聞「【テーマ投稿】高齢化社会 いずれは廃家になるだろうけど」（東京朝刊、オピニオン面、一九九四年五月二日）。
（4）ほかには「【テーマ投稿】高齢化社会 形見の着物を製本に再活用」（産経新聞、東京朝刊、オピニオン面、一九九三年一月二五日）といった見出しの記事や「【高齢社会】捨てられぬ品々身辺整理に悩む」（産経新聞、東京朝刊、オピニオン面、二〇〇二年一〇月一八日）などがあった。

（5）また、総務省による『報告書別冊』（総務省行政評価局 二〇二〇b）では、遺品の処理に関わる法的事項が、次のように整理されている。

（1）法的に引取り手のない遺品に関わる制度ついて

行旅死亡人の遺品については、行旅法第一二条において、保管に不相当の費用や手数を要する場合等を除いて、市町村が保管することとされている。また、同法第一三条において、市町村が遺体の埋火葬を行う場合、遺体の取扱いに要した費用が、遺留金・有価証券で充当等しても不足する場合には、「遺留物品」を売却して充当することができるとされている。

さらに、亡くなった方が生活保護受給者の場合については、葬祭扶助（生活保護法第一八条。その者の葬祭を行う扶養義務者がないときや、遺留金品で葬祭を行うに必要な費用を満たすことのできないときに、火葬等に要する費用について、二〇万円前後を上限として支給される。）を行うことができるが、この費用についても、遺留の金銭・有価証券で充当しても不足する場合には「遺留の物品」を売却して充当することとされている（生活保護法第七六条）。

しかし、それ以外の規定は、現行法上特段みられない。

そのため、住宅内に残された遺体の引取り手がない人の遺品については、通常、民法の規定が適用され、相続財産として、故人が亡くなった時点から、その相続人が一切の権利義務を承継することとなる（民法第八八二条、第八九六条）。すなわち、遺品の所有権・占有権は相続人に移ることになり、相続人以外の者が許可なく整理・処分をしてしまうと、不法行為となってしまう。

ただし、相続人の存在が明らかでない場合については、相続財産は法人となり（民法第九五一条）、申立てにより相続財産管理人を選任することとなる（民法第九五二条第一項）。

市町村が事業主体となる公営住宅に関しては、近年、公営住宅の単身入居者が家財等を残したまま死亡する事案が発生していることから、国土交通省が、地方公共団体からの要請を受け、平成二九年一月二五日、「公営住宅における単身入居者死亡後の残置物への対応方針（案）」を策定し、残置物への対応方針を示している。（総務省行政評価局 二〇二〇b：一五―六）

（2）法的に引取り手のない遺留金に関わる制度について

行旅法第一一条及び墓埋法第九条第二項においては、遺留の金銭・有価証券は、埋火葬等に要した費用に充当することとされている。また、生活保護受給者の場合は、葬祭扶助に要した費用について、遺留の金銭及び有価証券がある場合は、これに充てることができるとされている（生活保護法第七六条）。

これらの充当を経ても、なお残余が生じる場合、生活保護法上では、速やかに相続財産管理人の選任を請求し、引き渡さなければならないとされている（生活保護法施行規則第二二条第二項）。生活保護法以外の場合についても、現行法上特段の規定はみられないため、民法の規定に基づき、相続財産管理人の選任を経て、最終的に国庫に帰属することとなる（民法第九五一条から第九五九条）。（総務省行政評価局二〇二〇b：一六）

（6）初めて「遺品整理」という言葉を用い業種が表された吉田（二〇〇六）の出版以降、遺品整理業者らによる出版が続いた（内藤二〇一四）。

（7）以下の新聞記事オンラインデータベースを用い「遺品整理業」「遺品整理」という語句の使用に加え、遺品を専門に扱う業種の記事の存在について調査したが、いずれも確認されなかった。
朝日新聞社「聞蔵Ⅱビジュアル」（http://database.asahi.com/library2/main/top.php〔二〇一六年三月三一日取得〕）。

毎日新聞社「毎索」（https://dbs.g-search.or.jp/aps/WSKR/main. jsp?uji.verb=GSHWA0290&serviceid=WSKR〔二〇一六年三月三一日取得〕）。

読売新聞社「ヨミダス歴史館」（https://database.yomiuri.co.jp/rekishikan/〔二〇一六年三月三一日取得〕）。

産業経済新聞社「The SankeiArchives」（http://webs.sankei.co.jp/search/edu/search.jsp〔二〇一六年一〇月二七日取得〕）。

日本経済新聞社「日経テレコン21」（https://t21.nikkei.co.jp/g3/CMNDF11.do〔二〇一六年一〇月二七日取得〕）。

中日新聞社「中日新聞・東京新聞記事データベース」（https://ace.cnc.ne.jp/cgi-bin/clip/GU202〔二〇一六年一一月一五日取得〕）。

（8）断捨離は、遺品整理とともに近年みられる社会現象の一つであり、主に住環境にある不用な所有物の処分のことを指している。ここには所有物の価値の問い直しがあり、使用価値のないもの、あるいは象徴的な意味を持たないものを取り除くことを行う。さらに、生活に必要最低限の衣服や家財道具といったものだけを住環境に置くという極限的な志向は、ミニマリズム（またその実践者はミニマリスト）とも呼ばれる。

(9) 二〇一八年三月五日にキーパーズ有限会社（東京都）への現地調査を行った。

(10) 二〇一八年三月五日の吉田氏への聞き取りから。

(11) 二〇一八年三月五日、キーパーズ有限会社への現地調査より取得。

(12) 二〇一八年三月五日、キーパーズ有限会社への現地調査より取得。

(13) 当協会は、遺品整理に関する技術の資格化にともない、以下について特許庁に商標登録している。「遺品整理士（登録第五五一四七三九号）」「遺品整理士認定協会（登録第五五〇六七七五号）」「遺品整理指導士（登録第五四九一〇九一号）」「管理遺品整理士（登録第五八一六八〇六号）」「遺品査定士（登録第五八二四三九八号）」。以上は、次のものを参照。遺品整理士認定協会「遺品整理士認定協会・団体紹介」（http://www.is-mind.org/organization-info/〔二〇二四年二月二〇日取得〕）。

(14) 二〇一八年三月五日、キーパーズ有限会社への現地調査における吉田氏への聞き取りから。

(15) 遺品整理士認定協会の関係者に対し、実際にインタビューを行う機会をいただいた他（二〇一六年七月九日、於：新大阪）、電子メールによって質問調査を同年七月四日に依頼した。協会からの回答の返信は、同月六日に拝受した。ここでは「なぜ資格化を進めたのか」ということについて、筆者が用意した質問項目への回答から、一部要約したものを記載している。

(16) 遺品整理士認定協会「遺品整理士認定協会・遺品整理士とは」（http://www.is-mind.org/about-seirishi〔二〇二四年一一月二〇日取得〕）。

(17) 遺品整理に関するトラブルについては「遺品整理　トラブル増加　業者倍増、高額請求や形見廃棄」（毎日新聞、大阪夕刊、一一頁、社会面、二〇一三年一一月一九日）「所沢の産廃施設で一〇〇〇万円　持ち主は死亡女性　遺品整理で誤廃棄…」（読売新聞、二〇〇六年一二月二七日、埼玉、東京朝刊、埼玉南二七頁三段）などにみられた。

(18) 遺品整理士認定協会「遺品整理士認定協会・遺品整理士とは」（http://www.is-mind.org/about-seirishi〔二〇二四年一一月二〇日取得〕）。

(19) 遺品整理士認定協会「遺品整理士認定協会・遺品整理のご依頼の流れ」（http://www.is-mind.org/offer.html〔二〇一六年七月五日取得〕）。

(20) こうした資格化の制度づくりの過程は、次のように説明されている。「大学の社会学の教授にご指導をいただきながら、理想の遺品整理士の姿を膨らませていきました。法律の専門家に協力してもらい、廃棄物処理に関する正しい法的知識について学びました。神主さんからは、故人が大事にしていたものを供養することによって生まれる遺族への癒しについて語っていただきました。そして遺品整理士の養成テキストを作り上げ、二〇一一年の九月に『遺品整理士認定協会』を設立したのです」（木村 二〇一五：一二）。

(21) さらには、デジタル遺品というように、電子端末に残されたデジタルデータ、あるいはインターネット上のデジタル情報（ネット証券といった金融商品の売買など）への関心の高まりがある（萩原 二〇一五、古田 二〇一七）。これらは、経済的価値があるものとして、遺産相続の場面で問題とされている。主に、ウェブ上やコンピュータのソフトウェア内のアカウントのような、個人単位で管理されるものであり、遺族も把握していなかった契約やデータが、死後、明るみになることが危惧されている。

(22) 関西学院大学社会学部の倫理規定に則り、事前に調査の趣旨を対象者に説明し、同意を得て調査を実施した。

(23) 二〇一六年六月二三日、Aの代表に協力を得て、電話での半構造化インタビューを行った。

(24) 作業料金については、1K・1R三万円から、1DK五万円から、1LDK七万円から、2DK一一万円から、2LDK一四万円から、3DK一七万円から、3LDK二〇万円から、4LDK以上二三万円からとされている。これらはBのインターネット上のホームページにて、確認した（二〇一六年五月二八日取得、URLは秘匿とする）。

(25) 二〇一六年一月二三日、遺品整理作業中に筆者が聞き取りしたN氏の語りである。

(26) 二〇一六年一月二三日、遺品整理作業中に筆者が聞き取りしたN氏の語りである。

(27) 二〇一六年四月二八日、Bへの電話での半構造化インタビューによる。

(28) 二〇一六年一月二三日、遺品整理作業後に、筆者が聞き取りしたN氏の語りである。

(29) 二〇一六年一月二三日、筆者は、現場作業開始の午前一〇時から終了の午後二時まで、Bの作業員三名とともに遺品整理作業に従事しながら、その場で参与観察を行った。

(30) 「遺品整理士 魂の四原則」には、次の文言が掲載されている。

一、遺品整理士は、ご遺族の方に真の思いやりと心からの親切を第一とする。

一、遺品整理士は、身だしなみや清潔感を第一とする。（服装、頭髪、頭髪の色など）
一、遺品整理士は、故人に敬意を持って、作業する。
・お仏壇がある場合は、必ず手を合わせる。
・故人に感謝されるよう、仕事を行う。
一、遺品整理士は、故人の遺品を自身の家族のもののように扱い、ご遺族や地域社会への奉仕の心を忘れない。
出典：遺品整理士認定協会「遺品整理士認定協会・団体紹介」（https://www.is-mind.org/organization-info/〔二〇二四年一一月二〇日取得〕）。

(31) 本情報は、二〇一五年出版のEホールディングスの会社紹介誌に掲載されたものである。二〇一五年当時、C・Dを含むEホールディングスがあったが、現在は名称を変更している。

(32) 参考文献として、O氏の著作（二〇一二年出版）を用いている。業者を特定する情報であるため、書籍のタイトルは秘匿し、後記の参考文献表にもこの書誌情報は載せていない。

(33) 二〇一六年九月六日調査。

(34) 不動産の売買の相談は多く、Cは、大手不動産業者と提携し、事業を行っている。また、遺品が片付けられたあとには、部屋の清掃が求められることがしばしばであるため、ハウスクリーニング専門業者とも提携がある。

(35) 僧侶に経を唱えてもらうことで、モノから霊性を取り去るという儀礼的行為である。

(36) 古物営業法（昭和二四年五月二八日法律第一〇八号）第二条第一項によれば「『古物』とは、一度使用された物品（鑑賞的美術品及び商品券、乗車券、郵便切手その他政令で定めるこれらに類する証票その他の物を含み、大型機械類（船舶、航空機、工作機械その他これらに類する物をいう。）で政令で定めるものを除く。以下同じ。）若しくは使用されない物品で使用のために取引されたもの又はこれらの物品に幾分の手入れをしたものをいう」と定められている。

(37) 循環型社会形成推進基本法（平成一二年六月二日法律第一一〇号）第二条第五項では、リユースにあたる「再使用」を「一、循環資源を製品としてそのまま使用すること（修理を行ってこれを使用することを含む。）」および「二、循環資源の全部又は一部を部品その他製品の一部として使用すること」と定義している。

(38) 二〇一六年九月八日調査。
(39) 二〇一六年九月八日調査。
(40) 身寄りのない者の死について、遺族に代わり処理を進めていく後見人を務めるのが、司法書士である。だが、身寄りのない人が病院で亡くなった場合、後見人をその病院の医師が受け持つこともある。彼らによって、死者の残した空間の契約関係の処理や、行政へ死亡届が提出され、死の処理が進められていく。しかし、実際には、この事例のようにこうした過程を経ずに遺品が処理されることが起こっていると考えられる。
(41) 身寄りのない者の遺品と同様のものとして、中日新聞社会部による調査では、公営住宅で引き取り手のない遺品をそのまま保管している自治体が全国に二七あり、遺品が残されたままの住宅が計六二七戸に上るという。遺品の所有権は、民法では親族となっているが、相続人が家庭裁判所で相続放棄の手続きをすれば、自治体が遺品を処分できる。しかし、相続人と連絡がつかなかったり、相続を拒まれたりして、実際には処理が滞っている。こうした法的な根拠があいまいなまま遺品の処分に踏み切る自治体も少なくなく、千葉県、長野県、横浜市、名古屋市など二八の自治体が職権で廃棄することがあると回答しているという（中日新聞社会部 二〇二〇：六六―七）。
(42) 書籍化のもとになったものは、次のブログである。キーパーズ「現実ブログ『遺品が語る真実』」遺品整理ブログ（https://blog.goo.ne.jp/keepers_real〔二〇二二年一〇月一一日取得〕）。これは二〇〇五年八月四日―二〇一九年四月まで更新が続いている。
(43) 二〇一六年九月一二日調査。
(44) 二〇一六年九月一二日、依頼者への聞き取りから。
(45) 二〇一六年九月一二日、依頼者への聞き取りから。
(46) 二〇一六年九月一二日、作業現場でのCの作業員への聞き取りから。
(47) 結城康博は、殺人や孤独死の疑いのある遺体の発見の過程について、まず、警察が現場に入り、主に事件性の有無の調査とともに遺体が回収され、他殺と判断されれば大学病院などの法医学教室へ送られ殺人捜査へと進み、自殺もしくは自然死であれば、親族へと引き渡されるか、もしくは無縁仏として葬られると説明している（結城 二〇一二：三二）。
(48) 二〇一六年一月二三日、N氏の語りより。

(49) Cでは、オプションサービスとして、オゾン発生装置「剛腕 1000F」による消毒・消臭作業を料金四万円から行うとしている（株式会社C「C配布のパンフレット」〔二〇一六年七月一四日取得〕）。

(50) しかし、孤独死が起きたことによる物理的異常を単に取り除いただけでは、不穏は完全に解決することはできない。自殺や孤独死が発生したという情報・記録を持つ不動産商品は、事故物件として扱われる。宮崎裕二らは、不動産取引における体液の飛散などの物理的瑕疵だけではなく、それら異状死の発生による心理的嫌悪を呼び起こす考慮要素「隠れた瑕疵」による価値の減少を取り上げた判例をまとめている（宮崎ほか 二〇一四：五七）。

(51) 二〇一六年九月一〇日調査。

(52) 二〇一六年九月一〇日、依頼者への聞き取りから。

(53) Cの海外リユース事業部への調査は、主に二〇一六年九月一五、一六日に行った。しかし一部の写真については、二〇一六年七月一四日、九月六日にCへ訪問時に、筆者が撮影したものを載せている。

(54) この「PACKING LIST」は、二〇一六年九月一六日の調査において取得した。

(55) 頭文字Aが大文字の Autre は、いわゆる「大文字の他者」であり、これは個別的な、個人的な他者という意味ではなく、ある意味でまったく異なる他者的な存在という意味で用いられている。

第五章　死の個別化——結語

一　議論の振り返り

まず、本書のこれまでの議論全体を振り返ることから、終章の論点を整理する。

第一章では、死の社会学的研究が採るべきアプローチについて論じた。まず、死を社会学的に論じる際、死者とその葬儀のような、いわば儀礼の側面（無形の側面）のみに着目するのではなく、死は、死者の使用していたモノも含めて捉えなければならないことを指摘した。その例として、山や住居といった身近な生活環境のなかにあるモノへの死の意味づけによって、死者儀礼が演じられてきた側面を取り上げた。しかし、モノへの死の意味づけに関わる近代的変容として、資本主義や合理化にみる死の商品化・産業化や、死の医療化が先行研究に指摘されてきたことを整理した。ところが、先行の死別研究は、死の意味を見出そうとする人々への着目に傾注したままであり、遺品整理業の作業事例に代表されるような、死の意味が見出されない遺品や、そうしてやり過ごされていく死別を理論化できずにいることを指摘した。ここから、死別現象の全体を分析するために、人の死を契機とする社会秩序の危機への対処の方法である死の社会的処理に着目する必要性を論じた。

第二章では、死の社会的処理の論理について展開した。まず、死の社会的処理には、死のゲマインシャフト化と死のゲゼルシャフト化の二つの類型があることを示した。死のゲマインシャフト化とは、象徴交換による死の社会的処理であり、それは死者への供犠でもある。ここで、強調しておきたいことは、死のゲマインシャフト化は、葬儀などの死者儀礼だけでなく、ゲマインシャフトの日常の生活環境のなかに浸透しているということである。というのも、ゲマインシャフトの成員は、住居や家財道具といった共有財産の使用を通して、死者からの財産の贈与への返礼という死者との象徴交換を行うことにより連帯しているのであり、ゲマインシャフトにおいて、死者は秩序編成の砦として身近に存在するのである。一方、死のゲゼルシャフト化とは、死の物象化を含めて、あらゆることの物象化を前提に、等価交換によって遂行される死の社会的処理である。先行研究に指摘されていた死の商品化・産業化や、死の医療化は、死のゲゼルシャフト化であり、そこには供犠の喪失がみられる。そして、近代化の進展によって、情報環境を含めて死のゲゼルシャフト化が浸透することで、ますます死のゲマインシャフト化は困難になっており、それがゲマインシャフトにある死別の悲哀の要因となっていることを指摘した。

第三章では、さらなる近代化の進展に考えるべきこととして、単独世帯化から家族の変容について議論した。単独世帯化から考えるべきことは、家族の生活環境の変化であり、法的に家族であったとしても、日常生活での所有物の共有がなくなる。この要因として、ロックや、マクファーソンの議論から、自由経済のもとの私的所有からみる個人化について整理した。そして、彼らの知見をもとに、所有物が共有財産から私有財産へと変容する過程で、市場と法との関係のなかに位置づけられるようになり、家族生活の所有物の共有のなかで行われていた死のゲマインシャフト化が不要になっていることをみた。それに付随する問題として、家族が継承する意義があるのかどうか不明な遺品の処理が、死別における新たな問題として生じる可能性を指摘した。そして、この問題に対する資本主義社会の解決策だと考えられるものとして取り上げたのが、第四章でみた遺品整理業の登場であった。

第四章では、近年の遺品整理業の登場をめぐる動向について整理したうえで、遺品整理業への調査から得た作業事例の詳細を展開した。それによって明らかになった遺品整理業の役割とは、依頼者の要望にしたがって、遺品や遺品が残された空間の処理の担い手となるとともに、遺品に新たな帰属先を与えることであった。そして、遺品整理業の登場が示すことは、遺品の処理の過程の全面的な商品化であった。これに指摘されるように、遺品整理業が遺品と関わることが可能となる前提には、遺品の商品化があり、ここに、遺品へのゲゼルシャフトの交換論理の浸透、および遺品に対して行われる死のゲゼルシャフト化が指摘された。

これまでの議論をまとめよう。遺品整理業の登場に遺品の商品化が指摘されたように、遺品はすでに、死や死者を意味するものとしてあるのみではないことが明らかになった。すなわち、ゲゼルシャフトの交換論理の遺品への浸透によって、ゲマインシャフトの連帯のために行われる死のゲマインシャフト化が、遺品により確実に機能するとは、限らないのである。つまり、本書が明らかにした近代社会における死の意味の変容とは、所有物によって形成される生活環境において、いまや死や死者の意味が、遺品の商品化にみる資本主義の浸透によって、不確実なものになっているということである。この遺品の商品化こそ、生活環境からの死や死者の意味の消滅の危機の要因なのである。

こうした生活環境における死や死者の意味に対する不確実な状況から、さらなる近代化の極限的状況である死の意味の消滅を追って、死のゲゼルシャフト化によって完結される遺品の処理について考察することを、以降、本章の中心的な議論とする。

二　贈与なき遺品

第四章の遺品整理業の作業事例の特徴は、贈与されない遺品が現れていることである。実際の遺品が遺族へと継承されない事例は、遺品と遺族とのあいだであるはずの象徴交換の限界を示している。これこそ、ゲゼルシャフトの遺品整理業が介入する条件となる。なぜなら、ゲゼルシャフトの全面的な介入を許すには、遺品が商品化するだけでなく、遺品が誰に贈与されているかどうかも判別不能となり、象徴交換の観念に、誰もさいなまれなくなる必要があるからである。

前出の作業事例において、親族に継承されなかった遺品が示していたことは、私的所有における私有財産がその所有者の死に際して、誰にも、どこにも贈与されず、帰属先をなくしてしまうことである。この前提には、日常生活が私的所有において営まれると同時に、住居を中心に個別的な生活環境が出来上がっていることを考慮しなければならない。第三章でみたように、マクファーソンのいう所有的市場社会は、モノを象徴的に分かち持つことではなく、貨幣による自由な商品取引と、所有権という法的権利関係のもとに、モノと人間を関係づける。つまり、所有的市場社会は、人々を象徴交換の義務から解放し、自由にすることを基礎に置いている。さらに言えば、マクファーソンは「この市場においては、人びとのエネルギーを含めて、一切の所有物は商品であ」(Macpherson 1962＝一九八〇：六六)り「生計を立てるという基本的問題において、すべての個人は本質的に、彼ら自身の力を含めて、市場性のある商品の所有者として相互に関係している」(Macpherson 1962＝一九八〇：六六)というように、所有物には商品化のまなざしがついてまわるのである。E・F・シューマッハーは『スモール・イズ・ビューティフル』で、資本主義の浸透した生活における所有物の合理的で無駄のない運用を行う所有者の姿について述べており「管理者というものは、純粋な典型としては規律一点ばりの人間であって、すべてを管理できれば安心する」（Schumacher 1973＝一九八六：三二一）と説明している。ここには、経済観念に取りつかれた人間像が描かれているが、アタリが「所有が秘め隠しているもの、それは死の恐怖だ」（Attali 1988＝二〇一四：六）というように、経済観念が浸透する資本主義社会では、所有物を保有できるかどうか、すなわち、財産の継承は、未来に生き残り続ける継承者たちの生に関わる出来事である。こうして死者のいた過去ではなく、いずれ来る未来の死までどう生きるかという思考が優位となるのである。

三　終活のメンタリティ

このことから考えれば、遺品整理の前倒しである生前整理には、経済観念による自身の所有物の商品化という資本主義の浸透とその抑圧をみることができる。

生前整理は、終活の一例として、自身の死を見越して所有物を手放すことである。終活という言葉を生み出したのは『週刊朝日』において二〇〇九年八月から一二月まで続いた連載記事「現代終活事情」である。その後二〇一〇年にはユーキャン新語・流行語大賞にもノミネートされ『平成二五年版消費者白書』にも「一人暮らしや夫婦のみの高齢者が、周りに迷惑をかけたくないとの思いなどから、葬儀、墓、遺産相続など自身が死を迎えた際の準備を生前にしておく」（消費者庁 二〇一三：五六）ことと説明されているように、広く一般に知られた言葉となった。

こうした終活に表れる葬儀や墓の準備は、まず、死後の出来事まで事前に所有させようとする経済観念から生じている。もちろん、死後は何も所有できないのだから、終活は当然矛盾した行為となるはずだが、経済観念の奥でちらついているのは、自分の死後にも生き残る家族への贈与を訴えかける象徴界の強迫観念である。すなわち、終活という消費活動へと邁進する人々は、経済観念と、家族への贈与を訴える強迫観念とのあいだに翻弄されているのである。ただし、終活によって家族に贈与される葬儀や墓などの準備物や、生前整理の行われた住環境が、ポトラッチのようにありあまるほどの豊かさや威厳を示すためのものではなく、家族に降りかかる死後の手間を省くために、必要なものを合理的に選択し、不確実な要素を取り除くような傾向の表れだとするならば、そこにはやはり、経済観念の優位について注意しなければならない。

たとえば、作家の紀田順一郎は、自身の蔵書三万冊の生前整理を図り、処分した。だが、紀田がその一方で「蔵書というものは所蔵者の生涯と営為とが体現されているという意味で、創作に劣らない業績といい得る」（紀田二〇一七：一二七）というように、所有物はその所有者の生きざまの表象となり、物故したとすれば死者の表象ともなる。なぜなら、所有者が所有物とともにした生活は、本来、象徴的な出来事に満ちているからである。消費者が、市場から商品を購入するという出来事は、商品から所有物への移行の契機でもあり、一時、モノから商品という社会的身分を解放する出来事である（しかし、所有的市場社会では、ほとんど忘れられてしまう部分である）。そうして、所有物は所有者に対し、交換価値から解放されて手元に置かれる。所有者の庇護のもとで使用される所有物は、所有者に対し、無償で身をささげ、仕え、奉仕する関係、すなわち象徴交換のなかで日常を過ごす。こうした視点によれば、所有者と所有物の社会関係とは、経済観念のいきわたらない余白にある。つまり、所有物と所有者は、象徴的連関のうちにつなぎとめられているのである。

しかし、紀田が行った生前整理にみられるような、本を処分するとすればその行き先は古本屋のほうがふさわしいという発想は、市場というゲゼルシャフトに自身の所有物を商品として送り返し、みずから所有物に象徴されるはずの自身の生きた証を無下にすることである。書物の管理・維持費にお金がかかるという経済的理由を優先する表面的な姿勢は、たしかに、自分の死後にある家族の経済的安定を目的としたものである。

だが、生前整理を行う本人に危惧されていることは、ゲマインシャフトの経済的安定だけでなく、遺品を前にしたゲマインシャフトに対して、遺品の意味の無化が顕在化してしまうことである。所有物にとって所有者の死は、象徴的連関のうちにとどめてくれていた存在を喪失することであり、所有物の意味が無化する契機である。私的所有によって蓄積されてきた私有財産は、かならずしも、ゲマインシャフトの共有財産として、象徴的連関のうちにあるのではなく、法的関係によってつなぎとめられているだけである。それゆえに、所有者の死とともに生じる遺品の意味の不確実さこそが、遺品が問題化する原因となるのである。遺族の死別の悲しみや怒りは、故人が生前に経済的取引を終えなかった負の遺産に対して、起こるだけではない。ゲマインシャフトの危機とは、所有物の共有の困難さ、その意義のなさ、すなわち遺品を前にした死のゲマインシャフト化の不達成に直面することである。遺族が許容を超えた遺品の飽和状態を前にしたとき、経済観念の投影による遺品の商品化という選択は、合理的に遺族から遺品を手放せる理由となって、飽和状態の収束を助ける（藤井 二〇二〇：五五―六〇）。しかし、そうした事態は、ゲマインシャフトが遺品の贈与を受け取ることができず、もはや機能していないことを示すことになる。このような遺品の贈与がゲマインシャフトにとって無意味なものとして立ち現われることを危惧するメンタリティによって、生前整理は行われるのである。

四　死の個別化

終活を行う人々が恐れているように、死のゲゼルシャフト化では、物象化という過程によって意味を見出す社会関係を骨抜きにする。遺品整理業の事例にみられたのは、商品取引によって、死者の生活の痕跡が解体される様子であった。こうした処理が示すのは、遺品が贈与される行き場をなくしてしまっていることである。ここから、私的所有による生活環境の個別化の果てに、遺品というモノとともに死の意味も贈与されず、死が個人にしか関与しなくなる事態がみえてくる。これを死の個別化と呼ぼう。

法的な親族があっても、共同生活の実態がない場合には、ゲマインシャフトは形骸化している。それゆえに、残された遺品は、遺族に贈与されるものとしてあるか、ないかが不明瞭となり、遺族からも厄介払いされる。遺品の所有権を法的に持つ遺族は、遺品整理の場に参与し、厳かに作業を見届けるが、廃棄される遺品を前にしても、悲しみに暮れることがなくなっている。つまり、住居という空間を分かつということは、ゲマインシャフトという共同生活の裂け目でもあり、それが象徴交換の限界に直結するのである。

第四章でみた、身寄りのない者の遺品整理の事例（Cの事例〔Ⅲ〕）は、死の個別化の極限を示している。そこでは、親族や親密な関係者というゲマインシャフトの不在によって、不動産業者にみる市場、すなわち、ゲゼルシャフトが死の社会的処理の責任者として現れていた。そして、ここで不動産業者は、管理している住宅を商品価値のあるものへと復帰させることを目的とするのみで、死者の痕跡は物理的に取り去られるのみであった。

このとき、遺品は、廃棄物や、中古商品を再生産する産業社会のモデルにしたがって、分類されるのみである。

遺品整理業の作業事例で明らかになったのは、遺品の運命が商品化と廃物化との円環に放り出されることである。そして、そのときには、そこに関わるゲゼルシャフトの人々の前を、遺品は贈与関係なしに通過するだけである。そして、死の個別化の極限には、死の社会的処理の近代的極限も顕わとなる。ゲマインシャフトなしに、ゲゼルシャフトだけで行われていく死の社会的処理には、個人の死が贈与されることなく、死の意味が消滅する過程が浮かび上がる。つまり、近代的極限の死の社会的処理とは、死のゲマインシャフト化なしに、死のゲゼルシャフト化のみで完遂し、死別のアノミーという問題も消滅してしまうのである。

遺品整理業の登場以前から、死のゲゼルシャフト化は始まっており、現在の遺品整理業が具体的に示すものは、その完成形態である。死のゲゼルシャフト化とは、遺品の贈与交換が不可能となったことを前提に、遺品がもはやゲゼルシャフトにおける整理（商品・廃棄物という選別）の対象でしかなくなる状況である。ゲゼルシャフトは、いわば死をなきにして、死を管理する。単独世帯や、夫婦のみの世帯が増加していく現状を考えれば、今後、死のゲゼルシャフト化は、ますます浸透していくであろう。

しかしながら、ここで注記したいことは、ゲマインシャフトが完全に消えてしまうのではなく、たしかに残っているということも遺品整理業の作業事例のなかに同時に示されてきたということである。というのも、死のゲマインシャフト化は、意味を見出す主体を身体に宿す人間が、死の社会的処理の場面に関わり続けるかぎり起こる。そして、死のゲマインシャフト化とゲゼルシャフト化の両義性にさいなまれることは、まさに遺品と関わる人間の身体の中で起こる。ゲゼルシャフトで、死の社会的処理の役割を担うべく機能的分化した産業種である遺品整理業者個人と彼らが直面する現実とのあいだで起こる個別的経験の中に、死の意味が収斂している。これが本書の示すゲゼルシャフトにおける死の意味のゆくえである。

補論　ゲゼルシャフトで死が見出されるとき——ボルタンスキーの試み

本書は、死のゲゼルシャフト化の基礎に、死の物象化を指摘したが、一方で、ゲゼルシャフトにおいて、死の意味を問う活動の意義については論じなかった。たとえば、美術館や博物館のような公共空間では、芸術家らによって死の意味を問いかけようとする作品の公開がある（たとえば、ボルタンスキーの作品〔Boltanski and Grenier 2010＝二〇一〇〕、写真家の石内都による遺品写真〔石内 二〇一六〕など）。本書が明らかにした近代的変容とは、死が生活環境で意味を持たなくなり、消滅することであったが、これに抵抗して、死を意味づけようとすることの意義についても、検討する必要があるだろう。

補論では、ゲゼルシャフトから、個人の死の蘇生を試みる動きについて取り上げる。美術館や博物館のようなゲゼルシャフト側からの個人の死への意味づけをめぐる社会的行為について、芸術作品を通して説明を試みることを、本議論の目的とする。

一　消滅に抗する想起の力

みうらじゅんは、自らの趣味で集めたグッズを「マイ遺品」と名付け、展覧会を行った。スクラップのコレクション（大衆雑誌、新聞から切り抜かれた下世話な写真のコラージュ）、キッチュな土産物やポストカードなど、他者には理解不能であっても、みうら自身によるモノへの意味づけがジョークを交えた説明文とともに展示された。[1] みうらは次のように述べる。「僕が今まで集めてきたものはテレビの鑑定団でも尻尾を巻く品々（要するに世間的には〝なぁーんの価値もない〟と言われるやつ）で、僕が死んだら消滅してしまう恐れがある。いや、今からそんなことまで考えている〝執着〟ってやつが大層、遺族を苦しめることになるだろう」（みうら二〇一九：六）。みうらは一九九〇年代に「マイブーム」という流行語を生んだが、そのマイブームの果ての姿として現代に現れたのが、マイ遺品である。みうらは自分が収蔵した所有物が、広く意味を持つものとされたいという欲望から、展示と保存を行っている。かつて、禅、餓鬼草子に描かれた日本の死生観は、死者をほとんど無視し、忘れていくことでもあった。しかし、こうした虚しさや儚さを受け入れないこと、すなわち絶滅に抵抗する動きが、モノの保存と公開という観点から現れてくる。

たとえば、キリストの聖遺物、古代エジプトのピラミッドやミイラ、古代中国の兵馬俑、万里の長城、世界遺産といった文化遺産がある。荻野によれば、文化遺産には保存と公開の原則があるが、その前提には、他者の所有物への欲望（「博物館学的欲望」）の解放があるという（荻野二〇〇二：六）。たしかに、ゲゼルシャフトの装置である美術館・博物館という場所は、公共物として他者の所有物を保存し、公開する場所であると言えよう。[2]

そして、文化財は博物館や美術館への収蔵によって公共性を持つ。それによって、記憶を保存するためのモノを保存する空間の設定も必要となる。美術館や博物館といった公共空間がその例である。美術館や博物館は、公共に開かれた場所として存在するが、知を一般化し、知をゲゼルシャフト化する空間である。

こうした文化遺産化や美術館収蔵によって生じる作品の一般化が、鑑賞者に疎外感を与えることにも、注意を向ける必要がある。現代芸術家のD・ハーストは、牛の母子が体を垂直に真っ二つに切られ、ガラスケースの中にホルマリン漬けにされたものや、巨大なサメのホルマリン漬けなどの展示を行っている。これらの作品は、どれも死体とはかけ離れた生き生きとした鮮やかな色彩を帯びている。ハーストが示した死それ自体の完全な物象化は、死の意味も、死の恐怖も消え去ることによって、われわれの現代文化が、死を放逐してしまっていることへの負い目を際立たせている。そして、美術館という展示空間という、入れ代わり立ち代わり、展示物がごっそりと変わる場所で、モノはただただ居合わせるだけであり、漂白された展示空間もあいまって、さらに作品たちは死が消え去ることを喚起する。それゆえに、収蔵品の保存と公開は、ゲゼルシャフトの論理に従うだけの場合、過度に展示物を一般化させ、個別の記憶を無視し、個人の疎外を促進することとなる。

しかし、そのことへの抵抗として、ここで考慮したいのは、個人が意味を見出す余白についてである。R・バルトは『記号の国』で、日本での滞在から記号の働き（エクリチュール）の分析を行っており、禅や仏教一般の色即是空と同じく、日本の記号は空虚であり、記号の意味の喪失を重要視している（Barthes 1970=二〇〇四）。バルトは、西欧社会がキリスト教における神のような実体のないシニフィエ（意味されるもの、記号内容）を重視する秩序編成を行ってきたことを指摘する一方で、日本社会では、シニフィエを欠いたシニフィアン（意味するもの、記号表現）が強く支配していると指摘している。このバルトの視座にあるのは、F・de・ソシュールの記号論である。ソシュールは、言語記号をシニフィエ（概念）とシニフィアン（聴覚映像）に区別しており、その結合関係の恣意性について「同じ概念が、他のどんな音列によっても表されることができるはずである」（Saussure 1916＝二〇一六：一〇三）と説明する。シニフィアン（聴覚映像）はいわば音の響きの差異の組み合わせであり、たとえば、日本語では〈木〉の概念（シニフィエ）をkiの音列（シニフィアン）で示せると同時に、英語ではTreeと示すことができる。ここにソシュールは、シニフィエとシニフィアンの恣意性をみた。バルトは、これを西欧文化の分析に応用し、モノが別の意味を持ちうることを神話作用と呼んだ。日本文化では、看板広告のあふれる都市、文字だらけの商品パッケージの姿にみるように、まるでシニフィエに期待しないかのようにシニフィアンが前面に現れている。しかし、こうしたシニフィアンの氾濫の中で、流行りのものが現れてはすぐに陳腐化し廃れるように「流行りのもの」という意味（シニフィエ）がモノに入っては消えていくことが繰り返されている。すなわち、日本文化における意味の空虚なモノは、神話作用によって意味が容易に満ち、また意味の空虚なモノに戻るのである。これこそバルトが、強固なイデオロギーに支配されている西欧文化と全く異なる部分として指摘するものである。

　こうした神話作用によって意味づけが可能になることを期待する芸術作品は、日本文化のモノのように、モノが本来独自に持っているアウラや歴史や意味を問うことが無駄であるかのような、広く一般に共通した外見を持つモノとなる。そして、作品そのもののオリジナリティが重要なのではなく、あえて言えば虚構を前提にしたモノを前にした意味作用に期待している。神話作用は、死や死者に関する個人的な意味づけを可能にし、死者についての想起を促すことをたやすくする技法への手がかりなのである。

二　ボルタンスキーによる虚構の死

「僕はアートは死を妨げようとする試み、時間から逃れようとする試みだと思っている」(Boltanski and Grenier 2010＝二〇一〇：九二)。このように述べたボルタンスキーは、死者への思いや記憶を喚起することを目的としたインスタレーション(展示会場などの空間に、作者が用意した造形物、音、映像などから構築されるその場全体を作品として体験させるもの)を制作しており、彼の作品は「死者のモニュメント」とも呼ばれている[3]。

ボルタンスキーの展示作品のなかで、写真や、服は、死者の象徴である。たとえば、亡くなって間もない女性の所持品すべてを陳列した『目録』というインスタレーションでは、鍋やフライパンやフライ返しといった調理器具、椅子やスタンドライトや机といった家具、ほうきや、洗剤や、タオル等の掃除用品などが展示された(湯沢二〇一九：五九、六一)。この『目録』にあるのは、所有者の不在によるモノの所在無さからくる所有者の想起である。湯沢英彦は、ボルタンスキーの作品を「死の禍々しさを清めるためでもなければ、死者の栄誉を称えその思い出を永遠に留めるために作られたのでもない。それは人生の物語の中で死の意味が霧散した現代において、失われた死の場所をふたたび構築することを狙うのだ」(湯沢二〇一九：一四四)と解説する。

こうした制作の背景にあることとして、ボルタンスキーは自らの出生と芸術活動の関連について次のように断言する。

　戦争、そして自分はユダヤ人であるという事実は、僕の人生に起こった最大の出来事だ。自分では戦争も体験せず、また完全なユダヤ人ではないにもかかわらず……僕はユダヤ主義というよりむしろホロコーストの落とし子だと思う。どんなに否定しようとも、そしてたとえ僕がホロコースト関係の展覧会に参加するのを拒否したり、ユダヤ美術館で展示することに強い抵抗を感じてしまうとしても、この事実は僕の人生を左右した決定的出来事であることは間違いない。（Boltanski and Grenier 2010＝二〇一〇：二六―七）

ボルタンスキーの父は、ユダヤ人の医者で、第二次世界大戦のさなか、ユダヤ人の状況が悪化したために、妻（ボルタンスキーの母。フランス領コルシカ出身、キリスト教カトリックの没落したブルジョア階級の出身の作家）との故意の大ゲンカによって家から出ていったことを装い（実際、正式に離婚し、戦後に再婚した）、家の地下室に隠れ、閉じこもって暮らした。そのことはボルタンスキーの母と一番上の当時一二、三歳の兄ジャン・エリー（のちに言語学者となる）しか知らない秘密であった（その下の兄リュック・ボルタンスキーは社会学者である）。しかし、実際には、ボルタンスキーの父はときどき地上に出てきていたのであり、ボルタンスキーの母は、戦時のさなか、兄の協力のみによって、自宅でボルタンスキーを生んだ（Boltanski and Grenier 2010＝二〇一〇：一八）[4]。

ボルタンスキーに強い影響を与えているのは、ユダヤ教とキリスト教である。D・エッカーとの対談でも、ボルタンスキーは「私の中には、ウクライナ[5]のラビとコルシカの羊飼いの思想が完全に混ざり合っているに違いない」（Eccher 2017: 14）と答えている。ボルタンスキーの正式な名は、クリスチャン＝リベルテ（Liberté 自由）・ボルタンスキーである（Boltanski and Grenier 2010＝二〇一〇：二四）。ボルタンスキーの両親は、子にユダヤとキリスト教の名前を一つずつあたえることを決まりとしていたが、戦況のさなかユダヤ人の父を隠して生まれたために、ボルタンスキーには、ユダヤの名前はない。

ボルタンスキーは、ブルジョアの知識人の家族のもとに育ったが、学校にはほとんど通わなかった。作品創作の態度として、アール・ブリュット[6]に多大な影響を受けている。ボルタンスキーは「アール・ブリュットの素晴らしい点は、みすぼらしい紙切れに何てことないデッサンが描かれてあって、でもそれは同時に宇宙そのもの、神そのものなんだ。描かれているものとその手段の貧しさの間の途轍もないギャップ」（Boltanski and Grenier 2010＝二〇一〇：五二）と述べるように、自身の作品を忠実に現実と似せたものに仕立て上げることも、精巧で緻密な計算を作品に入れ込むこともなかった。そのかわりに、本人による慣れない溶接道具などを用いた、たどたどしい手作業の痕跡が残る作品をわざと制作していた。

僕がやろうとしたのは、痕跡を残すこと、死と闘うことだった……一九六九年に作った小冊子のために僕が初めて書いたテクストは、今でもほとんどそのまま自分の言葉として使うことが出来る。「死は恥ずかしいことだ。すべてを保存することを試みなければならない。どうやって小さな記憶を救うか……」これはちょっとナイーヴ過ぎるテクストだけど、この中には既にすべてが入っていたと思う。（Boltanski and Grenier 2010＝二〇一〇：五二）

ボルタンスキーが気に入っている作品に『和解的散布（Dispersion à l'amiable）』（一九七二年）がある。当時「社会学博物館」と呼ばれた集会所で自身の引き出しにあったもの、たとえば、センチメンタルな手紙や事務的書類を全部競売で売るというものである。「僕が言いたかったのは、重要なものもそうでないものも死んでしまえばすべて何の価値も無くなるということだった」（Boltanski and Grenier 2010＝二〇一〇：七八）。この競売にかけられた商品には『和解的散布』のスタンプが押され、実際、四、五人には売れたという。

展示されるものは、その本来の所有者については何も教えてくれない。ボルタンスキーは『目録』というシリーズの作品でも同様に、一人の人間があとに残したものをテーマとしていたが、これについて、ボルタンスキーは次のように述べている。

つまり『目録』はその人間について何も語ってくれないんだ。重要なのはむしろ、それを見る人間一人一人が、そこに自分自身のポートレートを見いだすことだ。というのは僕たちは皆、歯ブラシとか櫛とかベッドとか、大体同じようなものを持って生きている。だから『目録』が教えてくれるのはむしろ自分自身についてなんだ」(Boltanski and Grenier 2010＝二〇一〇：八四)。

また、一方で次のようにも言う。「保存しようとするものはすべて死んでいく。『飾ろう』とした途端に殺してしまうことになるんだ。写真を使った僕の作品もそれと関係している。一つのイメージを固定させようとするのは、死に繋がる行為だ」(Boltanski and Grenier 2010＝二〇一〇：八四)。これらにわかるように、遺品の展示では、作品の素材の所有者であった特定の個人が消え去ることを狙いとしている。

P・ヴァレリーは「美術館はあまり好きではない。見事なものはたくさんあるが、居心地のよい美術館というものはまったくない。分類、保存、公益といった理念は正しいし明快だが、愉楽とはあまり関係がない」(Valéry 1923＝二〇一二：三一七)と言った。しかし、ボルタンスキーは、ヴァレリーが指摘した美術館の欠点を逆手に取る。「僕は、保存の場所、記憶の場所として、美術館にはずっと興味があった」(Boltanski and Grenier 2010＝二〇一〇：二四二)。「僕が受けた『左翼的知識人』的教育から来る偏見もあって、ずっとコレクショナーに作品を売ることをどこか蔑視していたんだ。逆に美術館が買ってくれると嬉しかった」(Boltanski and Grenier 2010＝二〇一〇：二四二)。そしてボルタンスキーは、美術館という空間で作品が公開されることを通じて起こる、鑑賞者と作品との新たな意味作用に期待するのである。

また別の作品で、ボルタンスキーは、見ず知らずの人の顔写真を二次利用し、金属の祭壇のように配置する「モニュメント」（図 補論-1）を作成し、それによって、無名の誰かの死と向き合う場を作り出した。だが、この作品で注意しなければならないことは、使用された写真の人物が死んだという事実はないことである。このボルタンスキーの作品への理解のうえで、その土台にある虚構性を見逃してはならない。

虚構性を重視した別の作品として、ボルタンスキーは、自身の記憶をたどって、子ども時代に所有していた物を思い出しながら粘土で再現し、それを金網をかぶせた金属のケースの中央に置き、壁面に飾っている（図 補論-2）。

ボルタンスキーは、自身の創立者とも父とも呼べるアーティストとして、J・ボイスとA・ウォーホルを挙げている（Boltanski and Grenier 2010＝二〇一〇：二〇一―二）。彼らはボルタンスキーよりも少し先に活躍した二〇世紀後半の代表的な芸術家である。ウォーホルは複製（コピー）や死をテーマに作品を製作しており、とくにコンピュータを用いた既存のイメージ（有名なものではマリリン・モンローや毛沢東）の合成や、新聞写真を使用していた。ボイスは、パフォーマンスおよびそれを記録した映像作品（うさぎの死体を抱えるものなど）や、鉄筋や木材、蜜蝋や脂肪を用いた粗雑さの残る彫刻を製作していた。本物でないもの、複製あるいは場合によっては架空のものによってこそ、死の概念を想起させる装置を作成することが可能な点を、ボルタンスキーは主張する。「ホロコーストについて話したい場合は、歴史的な写真ではなく、実際の悲劇と距離を置いている最近亡くなったスイス人の写真を見せます」（Eccher 2017: 15）。ボルタンスキーは、歴史的に悲劇的な死とは無縁のスイス人の死者の顔写真を何百と並べて配置した。この「死んだスイス人の資料（一九九〇年）」という作品は、実際に「ヌーヴェリスト・ド・ローヌ」という新聞の死亡欄に一緒に掲載されていた死者の写真を使用している（Boltanski and Grenier 2010＝二〇一〇：二一二）。

ボルタンスキーの作品にある作戦には、写真そのものの効果の利用がある。ここで、バルトの写真論が参考になる。バルトは、『写真』は過去を思い出させるものではない（写真にはプルースト的なところは少しもない）。『写真』が

図 補論 -1 「モニュメント (1986 年)」

2022 年 8 月 6 日国立国際美術館にて撮影

図 補論 -2 「1948 年から 1950 年にクリスチャン・ボルタンスキーが使用していた椀とスプーンの粘土による復元の試み、1971 年 2 月 10 日」

2022 年 8 月 6 日国立国際美術館にて撮影

私におよぼす効果は、（時間や距離によって）消滅したものを復元することではなく、私が現に見ているものが確実に存在したということを保証してくれる点にある」（Barthes 1980＝一九九七：一〇二）という。写真に写ったものを何かの表象として見るよりも、写真に写ったものが現実に存在したことを証明することこそ、写真特有の機能とバルトは捉える。この機能は、事件現場や実験などでのあらゆる証拠写真の存在に見ることができる。そうした、かつてあったものを写すことが、第一の写真の機能である。加えて、バルトは、写真の魅力を表す語について「冒険（＝不意にやって来るもの）」（Barthes 1980＝一九九七：三〇）であると言っている。この第二の点について、バルトはサルトルのいう写真との実存的な関係が結ばれる瞬間を、冒険という語によって捉えようとしている。これら二点から言えることは、写真のおかげで、かつてあったものと出会うことができるが、その出会い方は、現実の世界の渦中に、不意に（現実世界の脈絡を超えて、超現実的に）写真というメディアを眺めることであり、こうして現実世界とかつてあった世界（第二の世界）が並び立つ二重性の世界に入り込むことができるのである。かつての、あの世とこの世の象徴的区分は、写真の登場以降、写真があの世の表象の代わりをすることになった。写真を現実ではないものではなく、第二の現実あるいは別の現実としてみなすことによって、写真は現実にある他界として現れる。これはバルトが写真の要素として挙げるプンクトゥムのことと関係している。バルトは写真の二つの要素として、ストゥディウム（studium）とプンクトゥム（punctum）を挙げている。ストゥディウムとは、ラテン語で、ある種の一般的な思い入れを意味するものであり、バルトはストゥディウムの意味を一般的関心と言っている。バルトは、このストゥディウムによって、写真を政治的証言として受け止めたり、歴史的画面として味わったり、人物像に、表情に、身振りに、背景に、行為に共感することができるのだが、道徳的、政治的な教養（文化）がその下敷きにあるという（Barthes 1980＝一九九七：三八）。これに対するプンクトゥムとは、ラテン語で、傷、刺し傷、鋭くとがった道具によってつけられた標識《しるし》を表わすものであり、バルトはプンクトゥムについて、ストゥディウムの場をかき乱しにやって来る刺し傷、小さな穴、小さな斑点、小さな裂け目であり「ある写真のプンクトゥムとは、その写真のうちにあって、私を突き刺す（ばかりか、私にあざをつけ、私の胸をしめつける）偶然なのである」（Barthes 1980＝一九九七：三九）という。写真の効果、それはストゥディウムから離れた作品制作にあり、プンクトゥムが鑑賞者に新たな意味を見出させることである。プンクトゥムに出くわす世界に入り込むこと、これが写真を鑑賞するという冒険なのである。

バルトと同様に、ボードリヤールが「消滅の技法《アート》」（Baudrillard 1998＝一九九七）と呼んで強調する写真の機能とは、写真が対象に反射する光を捉えるカメラのレンズ、シャッター、フィルムという事物による技術的作用から生成される純粋なイメージであり、じつは撮影者さえも消滅させ、人間主体を切り離した客体の世界（現実界）を写真が写していることに起因する。「生産することが問題なのではない。すべては消滅する技術《アート》にある。消滅のモードで生起するものだけが本当の他者である。さらに、この消滅が痕跡を残すこと、そして消滅が大文字の『他者』、世界、モノの出現の場となることが必要だ」（Baudrillard 1998＝一九九七：一四）。こうしてボードリヤールが評価する写真の機能とは、写真が写す客体の世界に対してエキゾティシズムに駆られた冒険へと鑑賞者をいざなうことなのである。

ボルタンスキーは、写真家の杉本博司との対談で、伊勢神宮を訪れ、社が二〇年ごとに建て替えられる式年遷宮を知ったことを振り返り「日本では物でも、遺物でもなく、知識によって伝達が行われます。その方がずっと好ましいと思います」（ボルタンスキー 二〇一九：一〇八）と語っている。伊勢神宮には四つの角で囲まれた空間を見つけることができるが、そこに神が宿ることを待つのである（図 補論-3）。モノそれ自体の真正性を保存・公開するのではなく、人間がモノに意味を見出し、モノを冒険することが、ボルタンスキーの期待することである。

ボルタンスキーの作品での狙いは、死の意味の一般化や死を記号化することではない。ボルタンスキーは作品

図 補論 -3　伊勢神宮にある何もない囲み
2019 年 10 月 13 日撮影

の意図について、死者への哀悼ではまったくないと語っており、むしろキリスト教や西欧文明の特徴である人間の自然への反逆にあるという（Boltanski and Grenier 2010＝二〇一〇：二八九）。

三　神話作用への賭け

田中雅一は、人間の物象化によって統治し、生者を生ける死者に変貌させるアーカイブ的統治のシステム（たとえば、アウシュヴィッツで工場のように作業が進めれたユダヤ人絶滅作戦）と対置するものとして、ボルタンスキーを取り上げ、作品のモノの反乱とでも言える状況から、声にならない声が波のごとく漏れ出ていると説明している（田中 二〇一八：四三八）。そうした作品には「保存室（カナダ）」（アウシュヴィッツ・ビルケナウで収容者から没収した衣服や靴などが保管されていた倉庫の呼び名から）（一九八八年）があり、大量に服が吊り下げられた壁が展示された（二〇一九年二月二〇日、国立国際美術館「クリスチャン・ボルタンスキー――Lifetime」）。

「ぼた山」（図 補論-4）は黒いコートが積み重なり、一枚一枚を分別することはできず、個性を見出すことのできない全体的な死者の山のようである。「ぼた山」の周りには、一方向に歩く人々に似せて、木の板に黒いコートが着せられたものが配置されている。また他の作品（「青春時代の記憶（二〇〇一年）」（図 補論-5）で使用されている写真は、ボルタンスキーによるものだけでなく、匿名のアマチュアのものなどを寄せ集めたもので、誰にでもかつてあったかもしれない青春時代の記憶を想起させる。こうした作品には芸術家のG・リヒターの写真作品との類似点がある。

心臓音のアーカイブ・ささやきの森

また似たようなコンセプトのものとして、瀬戸内海の香川県豊島での展示では心臓音を集めている（「心臓音のアーカイブ」）。この作品の鑑賞者は誰かの心臓音を聴くことで、身近な人間の心臓音を想起するのである。

岡山県宇野港からフェリーに乗り、東に向かい、地図にも名の載らない無数の小さな島々を通り過ぎ、一時間ほどすると香川県豊島唐櫃港に着く。豊島は、東に小豆島、西に直島のあいだに位置し、これらの島々を舞台に三年に一度開催される瀬戸内国際芸術祭（二〇一〇—二〇二一年現在）作品群の一つの会場となっている。多くの観光客は、港からレンタサイクルを利用し、島内をめぐり、作品を鑑賞する。ボルタンスキーの「心臓音のアーカイブ（二〇一〇年）」（図 補論-6）「ささやきの森（二〇一六年）」（図 補論-7）の両作品は、ベネッセアートサイト直島（通信教育事業者であるベネッセを母体に持つ福武財団による地域振興事業）によって、恒久的に管理されることとなっている。

「心臓音のアーカイブ」へは、港から東へ停泊した船の並ぶ海岸線の道を少し進み、田畑を通り抜け、そして、集落とを隔てる林の中の細い小道を抜けていく。すると、突然、視界が開け、現れるのは海に白い弧を描く浜辺である。そこに建てられた小さなキャビンのような建物の中に、ボルタンスキーの作品はある。

図 補論 -4 「ぼた山 (2015 年)」「発言する (2005 年)」

2019 年 2 月 20 日「クリスチャン・ボルタンスキー――Lifetime」国立国際美術館にて撮影

図 補論 -5 「青春時代の記憶 (2001 年)」

2019 年 2 月 20 日「クリスチャン・ボルタンスキー――Lifetime」国立国際美術館にて撮影

建物の中は、心臓音が鳴り響く部屋、心臓音を登録する部屋、登録された心臓音を試聴する部屋に分かれている。誰のものとも知れない何者かの心臓音が鳴り響く部屋（名称「ハートルーム」）は建物奥にある。外光が完全に遮断されており、両側の壁には長方形の鏡がいくつも並べられ、心臓音と同じリズムで中央に吊るされた電球一つが拍動するかのように点滅している。点滅のたびに、鏡は真っ黒な部屋を映し出すが、それはほのかに照らされた壁中に長方形のゲートが無数に開いているかのようである。人はそれを通じて、この空間がどこかに別の場所につながることを意識する。心臓音を録音する部屋（「レコーディングルーム」）では、自分の名前と一〇〇文字までのメッセージを登録することができる。聴診器のようなマイクを自ら胸に当て、四〇秒間心臓音を録音する。ほんの少しの服の擦れが大きな雑音になるからと、息を止めれば、その緊張が心臓の鼓動に反映されてしまう繊細な作業である。こうして登録した心臓音は、すぐにアーカイブされ、その場で聴くことができる。二〇二二年一月一〇日の時点で、世界一四カ国一九カ所で録音された七万五六三七の心臓音の登録がある（ベネッセアートサイト直島 二〇二二）。登録は複数回行うことができ、作者のボルタンスキー自身も、これまでに四カ所（パリ・ロンドン・豊島・アテネ）で録音している。すでに亡くなっているボルタンスキーの拍動も、ここでよみがえる。それは、とてもゆっくりで、筆者が訪れた真夏の昼間とは無縁な、涼しげで穏やかな静けさに落ち着き払ったようにも聴こえる心臓音である。このようなアーカイブされた音源は、誰のものでも自由に聴くことができるが、豊島でしか聴くことはできない。この登録された心臓音を聴くことのできる部屋（「リスニングルーム」）では、ふと顔を上げると海に向けて窓が開いており、その枠の中では、波打ち際を境に、空と海の青と砂の白が上下二つに分かれている。浜では波音が自然の恒久のリズムを刻んでいる。ボルタンスキーは、この作品の立地の選択について、瀬戸内国際芸術祭のシンポジウムで「構想自体は昔からあって、一時はインターネットで表現したらどうかと思っていました。しかしどうも不健康なことに感じられ、やはり美しい場所で発表したいと考えるようになりました。そしてこの

図 補論 -6 「心臓音のアーカイブ」（写真右奥建造物内設置）
2022 年 8 月 19 日撮影

図 補論 -7 「ささやきの森」
2022 年 8 月 19 日撮影

島のあまりにも美しい風景を見せてもらったときに、ここだと思ったのです」（北川・瀬戸内国際芸術祭実行委員会監修二〇一一：七九）と述べている。

また、ボルタンスキーは「心臓音のアーカイブ」について「私の作品は、『神話』なのです。現地に行くことは誰もないかもしれないけれど、『日本のある島に、心臓の鼓動が聞こえてくる場所がある』と人が言い交すこと自体が作品なのです」（小林ほか二〇一七：四九）、あるいはまた「心臓音を聞きに行く旅 長い道程と想いの時が大切なのだ まるで巡礼のように」（ボルタンスキー二〇一三）と自身の作品について述べている。

一方、同島内に設置されている別の作品「ささやきの森」は「心臓音のアーカイブ」の浜辺から遥か遠く、山道を上った先にある森の中にある。浜からはまず、視界の広い道なりを進んでいく。広大な棚田を横目に、そこから少し上ると、合間に柑橘の畑のある住宅地へと入っていき、島の寺院と墓地を過ぎる。ここから先は、木々に囲まれた、暗く、代わり映えしない景色と虫の声が惑わすような山道を進む。小さな青い看板に頼り「ささやきの森」にたどりつくと、人の背丈よりも伸びたイネ科の植物を思わせる頭を垂れた金属の支柱がいくつも立てられており、その先には風鈴と、長さ三〇センチメートルほどの短冊のような透明のプラスチックのカードがくくりつけられている。風が吹くと、鈴の音があたりに響き、透明のカードが高速でくるくると回り、同じリズムで光が反射する。これらのプラカードには、人の名前が書かれている。これも「心臓音のアーカイブ」と同様に、豊島に訪れた人によって登録されたものである。書かれている名前は登録者の自身の名ではなく、自身にとって大切な人の名であり、生者、死者は問わない。登録者の筆跡のとおりに、それらの名前は記されている。すでにここには五四〇の名が刻まれているが、そのなかには、誰が書いたか知れない「Christian Boltanski」の名前もある。

この島を公共の名のもとにアートの島へと変貌させる過程で、島の住民たちの名の刻まれた（本物の）墓の向こうに、ひっそりと誰のものともわからない名前の付いたカードがゆれる森が生まれた。その名前の付いたカードは、日本人にとっては、七夕の短冊や神社の絵馬に似て、ありふれたものである。しかし、フランス人であるボルタンスキー本人は、漢字の文字列を理解したかわからないが、彼にとっては、むしろ、読めない名前であろう言語の文字列があること、つまり名前のある個人がいたということを思い起こさせることに、この作品の目的はあったと考えられる。

「ささやきの森」と同様の展示が、これより前にチリで行われていたが、そこでは名前を記すという要素はまだなかった。それは、チリの標高二〇〇〇メートル超えに位置し、まったく雨が降らず世界で最も乾燥した不毛の地アタカマ砂漠に制作された「アニミタス（二〇一四年）」である。アニミタは、スペイン語で「小さな魂」を意味するが、チリでは、路傍で見られる小さな手づくり祭壇のことを指す。チリでは、ピノチェト独裁政権（一九七三—一九〇年）が、アタカマ砂漠にあった強制収容所で政治犯数千人を虐殺し、穴を掘って埋めた。その後、発見を恐れた政権は、乾燥しミイラと化した遺体を掘り起こし、海に捨てたという。ドキュメンタリー映画「光のノスタルジア」（P・グスマン監督、二〇一〇年）には、アタカマ砂漠での虐殺の証である被害者の遺骨の捜索を行う遺族たちが描かれている。権力者たちによる虐殺に巻き込まれるという記憶と、そのトラウマを、ボルタンスキーは、アタカマ砂漠に響く風鈴と、無名のプレートによるモニュメントを設置することで想起させようとする。無名のプレートが示すのは、無名者の死であり、個人の名前が消されるという出来事の記憶である。そして、これと同様の出来事、すなわち、アウシュヴィッツで、ユダヤ人が名前を奪われ数字で点呼され、大量の効率的処分を可能にした近代合理性の悲劇も想起させる。アウシュヴィッツでのユダヤ人虐殺とチリでの虐殺に対し、ボルタンスキーは、無名にされた個人の死を作品によって想起させようとしているのである。またボルタンスキーは、アタカマ砂漠に設置した「アニミタス」を管理せず、風化されるがままに、朽ちるようにした（クリスチャン・ボルタンスキー——Lifetimeでの展示においては、現地で記録した映像が流されるとともに、モニュメントなどが配置された）。これもまた忘れ去られていく死があったという悲劇の神話づくりのための演出の一つである。その一方で、恒久的に保存することとともに、個人名の記載を行った豊島の「ささやきの森」には、個人名の永遠の存続という願いが込められているのであり、ボルタンスキーが思う死の近代的理想の一形態でもあると考えられる。

ただし、ここに記載された個人名は、個人というものを想起させるのだが、具体的な個人を示すことはない。そのかわりに、ボルタンスキーは、鑑賞者が、自由に誰かを想い起こすことを期待している。香川檀はボルタンスキーを例に「『痕跡保全』のアートは、つまるところ、断片的な痕跡を蒐集する動機が、じつは個への注視にあるのではなく、背後の全体ないしはその『構造的同一性』を示すためのサンプリングにある」（香川二〇一二：九〇）という。そうして、ボルタンスキーは、具体的な個人を提示するのではなく、鑑賞者それぞれにとって重要な個人を思い起こさせるための装置を作成したのである。

不死なる神話

ボルタンスキーは二〇二一年に亡くなったが、生前、死後の作品について次のように語っている。「多くのピアニストがショパンの曲を再解釈して演奏するのと同じで、『ボイスのこの作品は下手な演奏だったとか、ソル・ルウィットのこれはなかなかいい解釈だった』とかいう自由があった方がいいと思ってるんだ」（Boltanski and Grenier 2010=二〇一〇：二四六）。このように、ボルタンスキーは別の誰かが自分と同じような展示をすることを期待している。これはボルタンスキーが示してきたように、誰でもない人の死から、身近な人の死が解釈されること、あるいは見出されることへの期待である。

そして、これは作品それ自体が残ることよりも、物語や寓話または神話となることへの期待である。「しばらく時間が経てば私の名前は忘れられるでしょうが、私は神話が記憶されることを望んでいるのです」（ボルタンスキー二〇一九：一〇七)。これはモノによる伝達ではなく、知識の伝達であり、ゲゼルシャフトでの死の物象化によって死を喪失した個人は、ボルタンスキーの作品を通して、死の発見を試みる。

ボルタンスキーは、美術館というゲゼルシャフトの場に、個人の死があったことを思い起こさせる神話を作り出す。ただし、それは虚構であってもかまわない。ボルタンスキーは、写真や作り物によって、いわば死者や神の入れ物だけを用意する。死者を見出すのは鑑賞者次第である。だが、ボルタンスキーは、そこに賭け、ゲゼルシャフトの意味の空っぽの展示物を通して、死者が見出される時と場としてのインスタレーションを用意する。それは作品の真正性を裏切る虚偽的手法であり、鑑賞者を惑わせる。そうして、鑑賞者が自身の経験から好き勝手に見知った人の姿を思い起こし、本物の死者を作品に入れ込む。バルトが指摘したように、エクリチュールとは空虚な記号の活動なのであり、空っぽの記号を用意し、鑑賞者の間違いや思い込みであっても、意味を注ぎ込む場をゲゼルシャフトに作ることがボルタンスキーの狙いなのである。ここでゲマインシャフトは神話として想起され、よみがえる。これがボルタンスキーによる死のゲゼルシャフト化への抵抗である。

注

（1）アサヒグループ大山崎山荘美術館（京都府）「みうらじゅん マイ遺品展」（二〇二一年一二月二六日調査）。

（2）ただし、荻野は、文化遺産となるものに考えるべきこととして、日本の文化遺産化の特徴から「モノ自体の保存よりも、モノを通じて、死者と生者の関係を再構築することが主眼となる」（荻野 二〇〇二：二九）と述べている。荻野によれば、広島原爆ドーム保存に関わる平和運動の物語や、無形文化財の考え方に端的に表れる技能の蘇生のように、モノ自体の保存よりも、不可視なものを現在に可視化する「現在化の論理」が文化遺産を生み出しているという。

（3）ボルタンスキーの制作過程は『ボルタンスキーを探して』（A・フレッシャー監督、一九九〇年）という映像資料としても残されており、使われなくなった使用済みの衣類など大量に回収し、並べ、配置するといった作品制作の様子などが記録されている。

（4）訳者の佐藤京子は、ボルタンスキーの単なる自伝というよりは、事実と虚偽が交錯する彼の作品の延長上にあるとして「嘘のようで本当、本当だけれどどこか変といった逸話を通して自画像を彷彿とさせる」（Boltanski and Grenier 2010 = 二〇一〇：三一六）と評しており、語られたエピソードにはボルタンスキーによる脚色が含まれる場合があることを注記している。

（5）ボルタンスキーという姓は、ウクライナ由来のものである。

（6）フランスの画家のJ・デュビュッフェが、生の芸術の意味で名付けたカテゴリーである。伝統や教育や文化潮流に左右されずに現れてくるような作品を捉える概念であり、障害者による作品などがアール・ブリュットと呼ばれることがある。

参考文献

iタウンページ「全国の『遺品整理業』に関するお店・施設を探す」(http://itp.ne.jp/result/?kw%88%E2%95i%90%AE%97%9D%8B%C6〔二〇一六年七月四日取得〕)二〇一六年

iタウンページ「全国の『遺品整理業』に関するお店・施設を探す」(https://itp.ne.jp/keyword/?keyword%E9%81%BA%E5%93%81%E6%95%B4%E7%90%86%E6%A5%AD&sort01&sbmapfalse〔二〇二二年六月三日取得〕)二〇二二年

浅利宙「現代社会における『死の社会学』——『タブー視される死』の再構成を通して」『人間科学共生社会学』一：六三—七九、二〇〇一年

Attali, Jacques, *Au propre et au figuré: Une histoire de la propriété*, Paris: Librairie Arthème Fayard, 1988.(山内昶訳『所有の歴史——本義にも転義にも』法政大学出版局、二〇一四年)

阿部鋼『遺品整理コンプライアンス——違法行為をしないために——遺品整理に関する法制度と課題』クリエイト日報出版部、二〇一五年

網野善彦『日本中世に何が起きたか——都市と宗教と「資本主義」』KADOKAWA、二〇一七年

Ariès, Philippe, *Essais sur l'histoire de la mort en occident: Du moyen age à nos jours*, Paris: Seuil, 1975.(伊藤晃・成瀬駒男訳『死と歴史——西欧中世から現代へ』みすず書房、二〇〇六年)

Ariès, Philippe, *L'homme devant la mort*, Paris: Seuil, 1977.(成瀬駒男訳『死を前にした人間』みすず書房、一九九〇年)

池内裕美「喪失対象との継続的関係——形見の心的機能の検討を通して」『関西大学社会学部紀要』三七(二)：五三—六八、二〇〇六年

石内都『写真関係』筑摩書房、二〇一六年

市野川容孝「死の社会学・序説——『他界』に関する試論」『ソシオロゴス』一五：一五二—六八、一九九一年

井上俊「死の社会学」大村英昭・井上俊編『別れの文化——生と死の宗教社会学』書肆クラルテ、一九—四二、二〇一三年

井上治代ほか『葬送のかたち——死者供養のあり方と先祖を考える』佼成出版社、二〇〇七年

井之口章次『日本の葬式』筑摩書房、〔一九七七〕二〇〇二年

猪瀬直樹『死を見つめる仕事』新潮社、一九八七年

Illich, Ivan, *Limits to Medicine: Medical Nemesis: The Expropriation of Health*, London: Calder & Boyars Publishers Ltd., 1976.（金子嗣郎訳『脱病院化社会――医療の限界』晶文社、一九九八年）

Vernon, Glenn M., *Sociology of Death: An Analysis of Death-Related Behavior*, New York: The Ronald Press Company, 1970.

Valéry, Paul, "Le problème des musées", *Le Gaulois*, 1923.（今井勉訳「美術館の問題」今井勉・中村俊直編訳『ヴァレリー集成Ⅴ――〈芸術〉の肖像』筑摩書房、三一七―三二二、二〇一二年）

Weber, Max, "Die protestantische Ethik und der "Geist" des Kapitalismus", *Gesammelte Aufsätze zur Religionssoziologie*, Bd. 1, SS. 17-206, 1920.（大塚久雄訳『プロテスタンティズムの倫理と資本主義の精神』岩波書店、一九八九年）

Weber, Max, "Soziologische Grundbegriffe", *Wirtschaft und Gesellschaft*, Tübingen: J. C. B. Mohr, 1922.（清水幾太郎訳『社会学の根本概念』岩波書店、一九七二年）

Vovelle, Michel, *La mort et l'occident: De 1300 à nos jours*, Paris: Gallimard, 1983.（立川孝一・瓜生洋一訳『死とは何か――一三〇〇年から現代まで（下）』藤原書店、二〇一九年）

Walter, Tony, "The Sociology of Death", *Sociology Compass*, 2(1): 317-36, 2008.

Walter, Tony, *What Death Means Now: Thinking Critically about Dying and Grieving*, Bristol: Policy Press, 2017.（堀江宗正訳『いま死の意味とは』岩波書店、二〇二〇年）

内堀基光「死にゆくものへの儀礼」青木保・内堀基光・梶原景昭・小松和彦・清水昭俊・中林伸浩・福井勝義・船曳建夫・山下晋司編『岩波講座 文化人類学９ 儀礼とパフォーマンス』岩波書店、七九―一〇四、一九九七年

Eccher, Danilo and Christian Boltanski, "A Conversation with Christian Boltanski Villa Medici, 22 April 2017", Eccher, Danilo ed., *Boltanski: Souls | From Place to Place*, Milan: Silvana Editoriale, 13-26, 2017.

ＮＨＫ取材班『さまよう遺骨――日本の「弔い」が消えていく』ＮＨＫ出版、二〇一九年

ＮＨＫ「無縁社会プロジェクト」取材班『無縁社会――〝無縁死〟三万二千人の衝撃』文藝春秋、二〇一〇年

Eliade, Mircea, *Le mythe de l'éternel retour: Archétypes et répétition*, Paris: Gallimard, 1949.（堀一郎訳『永遠回帰の神話――祖型と反復』未来社、一九六三年）

Elias, Norbert, *Über die Einsamkeit der Sterbenden*, Frankfurt am Main: Suhrkamp Verlag, 1982.（中居実訳「死にゆく者の孤独」『死にゆく者の孤独』法政大学出版局、一—一〇〇、二〇一〇年）

Hertz, Robert, “Contribution à une étude sur la représentation collective de la mort”, *Année sociologique*, 1re série, t. X, 1907.（内藤莞爾訳「死の宗教社会学——死の集合表象研究への寄与」吉田禎吾・内藤莞爾・板橋作美訳『右手の優越——宗教的両極性の研究』筑摩書房、三七—一三八、二〇〇一年）

Engels, Friedrich, *Der Ursprung der Familie, des Privateigenthums und des Staats: Im Anschluss an Lewis H. Morgan's Forschungen*, Hottingen-Zürich: Verlag der Schweizerischen Volksbuchhandlung, 1884.（土屋保男訳『家族・私有財産・国家の起源』新日本出版社、一九九九年）

呉獨立『「孤独死現象」の社会学——実在、言説、そしてコミュニティ』成文堂、二〇二一年

大江健三郎「死者の奢り」『死者の奢り・飼育』新潮社、七—五四、［一九五九］一九八七年

大村英昭「死の社会学——フレーム分析に向けて」井上俊・上野千鶴子・大澤真幸・見田宗介・吉見俊哉編『岩波講座 現代社会 9 ライフコースの社会学』岩波書店、一六七—一八八、一九九六年

大村英昭『日本人の心の習慣——鎮めの文化論』ＮＨＫ出版、一九九七年

荻野昌弘『資本主義と他者』関西学院大学出版会、一九九八年

荻野昌弘「文化遺産への社会学的アプローチ」荻野昌弘編『文化遺産の社会学——ルーヴル美術館から原爆ドームまで』新曜社、一—三三、二〇〇二年

荻野昌弘「国家は死を管理できるか——粟津賢太『記憶と追悼の宗教社会学』（北海道大学出版会、二〇一七年）」戦争社会学研究会『戦争社会学研究 第二巻 戦争映画の社会学』みずき書林、二八六—九六、二〇一八年

香川檀『想起のかたち——記憶アートの歴史意識』水声社、二〇一二年

Castel, Robert, *La montée des incertitudes: Travail, protections, statut de l'individu*, Paris: Seuil, 2009.（北垣徹訳『社会喪失の時代——プレカリテの社会学』明石書店、二〇一五年）

株本千鶴「テーマ別研究動向（死の社会学）」『社会学評論』六三（二）：三〇二—一一、二〇一二年

河口栄二「『便利屋』を頼る〝孤独な都会人〟」『潮』二九五：一五四—六六、一九八三年

川島武宜『日本社会の家族的構成』岩波書店、〔一九五〇〕二〇〇〇年
紀田順一郎『蔵書一代――なぜ蔵書は増え、そして散逸するのか』松籟社、二〇一七年
北川フラム・瀬戸内国際芸術祭実行委員会監修『瀬戸内国際芸術祭２０１０ 作品記録集』美術出版社、二〇一一年
Gibson, Margaret, *Objects of the Dead: Mourning and Memory in Everyday Life*, Melbourne: Melbourne University Press, 2008.
木村榮治『遺品整理士という仕事』平凡社、二〇一五年
Kübler-Ross, Elisabeth, *On Death and Dying*, New York: The Macmillan Company, 1969.（鈴木晶訳『死ぬ瞬間――死とその過程について』中央公論新社、二〇二〇年）
Glaser, Barney G. and Anselm L. Strauss, *Awareness of Dying*, New York: Aldine Publishing Company, 1965.（木下康仁訳『死のアウェアネス理論と看護――死の認識と終末期ケア』医学書院、一九八八年）
厚生労働省「人口動態調査 人口動態統計 確定数 総覧 三―三―一 都道府県（特別区―指定都市再掲）別にみた人口動態総覧」（https://www.e-stat.go.jp/dbview?sid=0003411562〔二〇二二年七月六日取得〕）二〇二一年
厚生労働省「令和四年（二〇二二）人口動態統計（確定数）の概況」（https://www.mhlw.go.jp/toukei/saikin/hw/jinkou/kakutei22/index.html〔二〇二四年五月三一日取得〕）二〇二三年
厚生労働省「人口動態調査」（https://www.e-stat.go.jp/dbview?sid=0003411649〔二〇二四年五月三一日取得〕）二〇二四年
Gorer, Geoffrey, *Death, Grief, and Mourning in Contemporary Britain*, London: Cresset Press, 1965.（宇都宮輝夫訳『死と悲しみの社会学』ヨルダン社、一九八六年）
小林直毅「メディア・テクストにおける死の表象」伊藤守・藤田真文編『テレビジョン・ポリフォニー――番組・視聴者分析の試み』世界思想社、一三一―五七、一九九九年
小林康夫・関口涼子・関昭郎・田中雅子、東京都庭園美術館編『クリスチャン・ボルタンスキー――アニミタス―さざめく亡霊たち』パイ インターナショナル、二〇一七年
さだまさし『アントキノイノチ』幻冬舎、二〇〇九年
佐藤弘夫『死者のゆくえ』岩田書院、二〇〇八年
Sudnow, David, *Passing on: The Social Organization of Dying*, New Jersey: Prentice Hall, 1967.（岩田啓靖・志村哲郎・山田富秋訳『病

院でつくられる死――「死」と「死につつあること」の社会学』せりか書房、一九九二年）
澤井敦『死と死別の社会学――社会理論からの接近』青弓社、二〇〇五年
澤井敦「『死別の社会学』とは何か」澤井敦・有末賢編『死別の社会学』青弓社、一三―二五、二〇一五年
澤井敦「『情報としての死』の変容――死の社会学の観点より」『法學研究』九三（一二）：一―二五、二〇二〇年
澤井敦・有末賢編『死別の社会学』青弓社、二〇一五年
Seale, Clive, *Constructing Death: The Sociology of Dying and Bereavement*, Cambridge: Cambridge University Press, 1998.
島薗進『ともに悲嘆を生きる――グリーフケアの歴史と文化』朝日新聞出版、二〇一九年
島薗進・竹内整一編『死生学 1――死生学とは何か』東京大学出版会、二〇〇八年
嶋根克己「近代化と葬儀の変化」副田義也編『死の社会学』岩波書店、二六七―八八、二〇〇一年
Shimane Katsumi「On Transformation of Funeral Practices in Japan Related to the Demographic Transition」『専修人間科学論集 社会学篇』二：五九―六四、二〇一二年
嶋根克己・玉川貴子「戦後日本における葬儀と葬祭業の展開」『専修人間科学論集 社会学篇』一：九三―一〇五、二〇一一年
Jankélévitch, Vladimir, *La mort*, Paris: Flammarion, 1966.（仲澤紀雄訳『死』みすず書房、一九七八年）
Schumacher, Ernst F., *Small is Beautiful: A Study of Economics as if People Mattered*, London: Muller, Blond & White Ltd., 1973.（小島慶三・酒井懋訳『スモール・イズ・ビューティフル――人間中心の経済学』講談社、一九八六年）
消費者庁『平成二五年版消費者白書』（https://data.e-gov.go.jp/data/dataset/caa_20230119_0013/resource/f87c7547-2097-45f5-bfdd-b313e5f32baf?inner_span=True〔二〇二四年一一月二〇日取得〕）二〇一三年
新谷尚紀『お葬式――死と慰霊の日本史』吉川弘文館、二〇〇九年
進藤雄三「死の社会学的研究に向けて」『人文研究 大阪市立大学大学院文学研究科紀要』六六：二一一―二二、二〇一五年
Suzuki, Hikaru, *The Price of Death: The Funeral Industry in Contemporary Japan*, Stanford, California: Stanford University Press, 2000.
関沢まゆみ「火葬化とその意味――『遺骸葬』と『遺骨葬』――納骨施設の必須化」『国立歴史民俗博物館研究報告』一九一：九一―一三六、二〇一五年

総務省行政評価局「遺品整理のサービスをめぐる現状に関する調査結果報告書」(https://www.soumu.go.jp/main_content/000675388.pdf〔二〇二三年七月二〇日取得〕)二〇二〇年a

総務省行政評価局「地方公共団体における遺品の管理に関する事例等(遺品整理のサービスをめぐる現状に関する調査結果報告書別冊)」(https://www.soumu.go.jp/main_content/000675389.pdf〔二〇二三年七月二四日取得〕)二〇二〇年b

総務省統計局「平成二七年国勢調査」(https://www.e-stat.go.jp/dbview?sid=0003411761〔二〇二〇年六月一一日取得〕)二〇二〇年

総務省統計局「人口推計 各月一日現在人口 概算値」(https://www.e-stat.go.jp/dbview?sid=0003443838〔二〇二二年六月二〇日取得〕)二〇二二年a

総務省統計局「令和二年国勢調査 就業状態等基本集計」(https://www.e-stat.go.jp/dbview?sid=0003450661〔二〇二二年六月二一日取得〕)二〇二二年b

副田義也編『死の社会学』岩波書店、二〇〇一年

Saussure, Ferdinand de, *Cours de linguistique générale*, Lausanne: Payot, 1916.(町田健訳『新訳 ソシュール一般言語学講義』研究社、二〇一六年)

園井ゆり・浅利宙・倉重加代編『第4版 家族社会学——基礎と応用』九州大学出版会、二〇二二年

Douglas, Mary, *Purity and Danger: An Analysis of Concepts of Pollution and Taboo*, London: Routledge, 1966.(塚本利明訳『汚穢と禁忌』筑摩書房、二〇〇九年)

武田惇志・伊藤亜衣『ある行旅死亡人の物語』毎日新聞出版、二〇二二年

田代志門『死にゆく過程を生きる——終末期がん患者の経験の社会学』世界思想社、二〇一六年

田中大介『葬儀業のエスノグラフィ』東京大学出版会、二〇一七年

田中雅一「〈格子〉と〈波〉とナショナリズム——巨大な遺体安置所で*Love Trip*を聴きながら考えたこと」『文化人類学』八二(四):四二五—四五、二〇一八年

玉川貴子『葬儀業界の戦後史——葬祭事業から見える死のリアリティ』青弓社、二〇一八年

中日新聞社会部『死を想え《メメント・モリ》!多死社会ニッポンの現場を歩く』ヘウレーカ、二〇二〇年

Durkheim, Émile, *Les règles de la méthode sociologique*, Paris: Universitaires de France, [1895] 1960.(宮島喬訳『社会学的方法の規準』

岩波書店、一九七八年）
Durkheim, Émile, *Le suicide: Étude de sociologie*, Paris, Félix Alcan, 1897.（宮島喬訳『自殺論』中央公論社、一九八五年）
Durkheim, Émile, *Les formes élémentaires de la vie religieuse: Le système totémique en Australie*, Paris: Félix Alcan, 1912.（山﨑亮訳『宗教生活の基本形態——オーストラリアにおけるトーテム体系 上・下』筑摩書房、二〇一四年）
Tönnies, Ferdinand, *Gemeinschaft und Gesellschaft: Grundbegriffe der Reinen Soziologie*, 1887.（杉之原寿一訳『ゲマインシャフトとゲゼルシャフト——純粋社会学の基本概念 上・下』岩波書店、一九五七年）
問芝志保『先祖祭祀と墓制の近代——創られた国民的習俗』春風社、二〇二〇年
内閣府「令和五年版高齢社会白書（全体版）」（https://www8.cao.go.jp/kourei/whitepaper/w-2023/zenbun/05pdf_index.html〔二〇二四年五月三一日取得〕）二〇二三年
内藤久『もしものときに迷わない遺品整理の話』SBクリエイティブ、二〇一四年
中筋由紀子『死の文化の比較社会学——「わたしの死」の成立』梓出版社、二〇〇六年
中野敏男『ヴェーバー入門——理解社会学の射程』筑摩書房、二〇二〇年
中森弘樹「『無縁死』概念の社会学的意義——死の社会学におけるその位置づけをめぐって」『社会システム研究』一四：一五七—一六八、二〇一一年
波平恵美子「死の『成立』、死体の処分、死者の祭祀をめぐる慣習と法的環境との齟齬」『法社会学』六二：一九—三〇、一八九、二〇〇五年
日本社会学会社会学事典刊行委員会編『社会学事典』丸善出版、二〇一〇年
額田勲『孤独死——被災地神戸で考える人間の復興』岩波書店、一九九九年
橳島次郎『神の比較社会学』弘文堂、一九八七年
Berger, Peter L., *The Sacred Canopy: Elements of a Sociological Theory of Religion*, New York: Doubleday & Co., 1967.（薗田稔訳『聖なる天蓋——神聖世界の社会学』筑摩書房、二〇一八年）
Parsons, Talcott, "Death in the Western World", Fulton, Robert and Robert Bendiksen, *Death and Identity*, Third Edition, Philadelphia: The Charles Press, 60-79, [1978] 1994.
Bauman, Zygmunt, *Liquid Modernity*, Cambridge: Polity Press, 2000.（森田典正訳『リキッド・モダニティ——液状化する社会』大月書

店、二〇〇一年）
萩原栄幸『「デジタル遺品」が危ない――そのパソコン遺して逝けますか?』ポプラ社、二〇一五年
橋本和孝「コミュニティを再考する――社会学思想・社会思想から」橋本和孝・吉原直樹・速水聖子編『コミュニティ思想と社会理論』東信堂、三―二三、二〇二一年
Bataille, Georges, *L'erotisme*, Paris: Editions de Minuit, 1957.（酒井健訳『エロティシズム』筑摩書房、二〇〇四年）
浜日出夫編『サバイバーの社会学――喪のある景色を読み解く』ミネルヴァ書房、二〇二一年
Barthes, Roland, *L'empire des signes*, Genève: Albert Skira, 1970.（石川美子訳『記号の国（ロラン・バルト著作集 7）』みすず書房、二〇〇四年）
Barthes, Roland, *La chambre claire: Note sur la photographie*, Paris: Gallimard, Seuil, 1980.（花輪光訳『明るい部屋――写真についての覚書』みすず書房、一九九七年）
van Gennep, Arnold, *Les rites de passage: Étude systématique des cérémonie*, Paris: Librairie Critique, 1909.（綾部恒雄・綾部裕子訳『通過儀礼』岩波書店、二〇一二年）
Boorstin, Daniel J., *The Image: or, What Happened to the American Dream*, New York: Atheneum, 1962.（星野郁美・後藤和彦訳『幻影《イメジ》の時代――マスコミが製造する事実』東京創元社、一九六四年）
Foucault, Michel, *Naissance de la clinique: Une archéologie du regard médical*, Paris: P. U. F., 1963.（神谷美恵子訳『臨床医学の誕生』みすず書房、［一九六九］二〇一一年）
Foucault, Michel, *Les mots et les choses: Une archéologie des sciences humaines*, Paris: Gallimard, 1966.（渡辺一民・佐々木明訳『言葉と物――人文科学の考古学』新潮社、一九七四年）
福間誠之「現代医療と死」宮田登・新谷尚紀編『往生考――日本人の生・老・死』小学館、一四六―五八、二〇〇〇年
藤井美和『死生学とＱＯＬ』関西学院大学出版会、二〇一五年
藤井亮佑「死者と生きなおす――死別の社会学的アプローチ構築に向けて――澤井敦・有末賢編『死別の社会学』（青弓社、２０１５年）」『ＫＧ社会学批評』五：六三―五、二〇一六年
藤井亮佑「遺品整理業のエスノグラフィー（１）――宝塚市と西宮市の事例から」『関西学院大学社会学部紀要』一二九：五一―六一、

二〇一八年
藤井亮佑「遺品整理業に関する社会学的考察――死と死別に関する新たな専門業種の登場から」『先端社会研究所紀要』一六：九三―一〇一、二〇一九年a
藤井亮佑「遺品整理業のエスノグラフィー（2）――孤独死の現場とリユース事業にみる遺品の類型」『関西学院大学社会学部紀要』一三〇：八九―九九、二〇一九年b
藤井亮佑「遺品＝『死者のモノ』？――Margaret Gibson, *Objects of the Dead: Mourning and Memory in Everyday Life* (Melbourne University Press, 2008)」『ＫＧ社会学批評』九：五三―六、二〇二〇年
藤井亮佑「死のゲマインシャフト化／ゲゼルシャフト化――遺品整理業の作業事例にみる死の社会的処理の類型」『ソシオロジ』六六（三）：四一―五八、二〇二二年
藤村正之『〈生〉の社会学』東京大学出版会、二〇〇八年
藤村正之「遺された者たちにとっての死――死の社会学再考」『上智大学社会学論集』四六：一六七―九一、二〇二二年
古田雄介『ここが知りたい！デジタル遺品――デジタルの遺品・資産を開く！託す！隠す！』技術評論社、二〇一七年
ベネッセアートサイト直島「人々の記憶を保存する《アーカイブ》――『心臓音のアーカイブ』」(https://benesse-artsite.jp/story/20220112-2226.html〔二〇二二年八月二〇日取得〕）二〇二二年
Baudrillard, Jean, *Le système des objets*, Paris: Gallimard, 1968.（宇波彰訳『物の体系――記号の消費』法政大学出版局、二〇〇八年）
Baudrillard, Jean, *La société de consommation, ses mythes, ses structures*, Paris: Denoël, 1970.（今村仁司・塚原史訳『消費社会の神話と構造』紀伊國屋書店、二〇一五年）
Baudrillard, Jean, *Pour une critique de l'economie politique du signe*, Paris: Gallimard, 1972.（今村仁司・宇波彰・桜井哲夫訳『記号の経済学批判』法政大学出版局、一九八二年）
Baudrillard, Jean, *L'échange symbolique et la mort*, Paris: Gallimard, 1976.（今村仁司・塚原史訳『象徴交換と死』筑摩書房、一九九二年）
Baudrillard, Jean, *Car l'illusion ne s'oppose pas à la réalité ...*, Paris: Descartes & Cie, 1998.（梅宮典子訳『消滅の技法《アート》』ＰＡＲＣＯ出版、一九九七年）
Hobbes, Thomas, *Leviathan, or The Matter, Forme, & Power of a Common-Wealth Ecclesiasticall and Civill*, London: Printed for

Andrew Crooke, at the Green Dragon in St. Pauls Church-yard, 1651.（水田洋訳『リヴァイアサン 1』岩波書店、一九九二年）

Boltanski, Christian and Catherine Grenier, *La vie possible de Christian Boltanski*, Paris: Seuil, 2010.（佐藤京子訳『クリスチャン・ボルタンスキーの可能な人生』水声社、二〇一〇年）

ボルタンスキー、クリスチャン『心臓音のアーカイブ ブックレット』福武財団、二〇一三年

ボルタンスキー、クリスチャン『クリスチャン・ボルタンスキー――Lifetime』水声社、二〇一九年

Macpherson, Crawford B., *The Political Theory of Possessive Individualism: Hobbes to Locke*, Oxford: Oxford University Press, 1962.（藤野渉・将積茂・瀬沼長一郎訳『所有的個人主義の政治理論』合同出版、一九八〇年）

MacIver, Robert M., *Community: A Sociological Study: Being an Attempt to Set Out the Nature and Fundamental Laws of Social Life*, New York: Macmillan and Co., [1917] 1924.（中久郎・松本通晴監訳『コミュニティ――社会学的研究：社会生活の性質と基本法則に関する一試論』ミネルヴァ書房、二〇〇九年）

Marx, Karl and Friedrich Engels, "Kritik der Politischen Ökonomie", Vorwort, *Karl Marx-Friedrich Engels Werke*, Band 13, Berlin: Dietz Verlag, [1859] 1972.（横張誠・木前利秋・今村仁司訳「経済学批判 序言」『マルクス・コレクション Ⅲ』筑摩書房、二五三―六二、二〇〇五年）

Marx, Karl and Friedrich Engels, "Das Kapital", *Karl Marx-Friedrich Engels Werke Band 23*, Berlin: Dietz Verlag, [1867] 1962.（岡崎次郎訳『資本論 1』大月書店、一九七二年）

Mandelbaum, David G., "Social Uses of Funeral Rites", Feifel, Herman ed., *The Meaning of Death*, New York: McGraw-Hill Book Company, 1959.（大原健士郎・勝俣暎史・本間修訳「葬儀の社会的効用」『死の意味するもの』岩崎学術出版社、一九三―二一八、一九七三年）

みうらじゅん『マイ遺品セレクション』文藝春秋、二〇一九年

三浦しをん『まほろ駅前番外地』文藝春秋、［二〇〇九］二〇一二年

Mitford, Jessica, *The American Way of Death Revisited*, New York: Vintage, [1963] 2000.

宮崎裕二・仲嶋保・難波里美・高島博『不動産取引における心理的瑕疵の裁判例と評価――自殺・孤独死等によって、不動産の価値は

どれだけ下がるか?』プログレス、二〇一四年
宮田登『霊魂の民俗学――日本人の霊的世界』筑摩書房、[一九八八]二〇二三年
宮本常一『生きていく民俗――生業の推移』河出書房新社、[一九七六]二〇一二年
村尾国士「(現代の肖像)日本初の遺品整理会社社長　吉田太一『天国への引っ越し屋』」『週刊ＡＥＲＡ』朝日新聞出版、二一(一二)、五四―八、二〇〇八年
村川治彦「後期近代における『死にゆく過程』と東西の文化的自己」『関西大学東西学術研究所紀要』五二:九三―一〇七、二〇一九年
Metcalf, Peter and Richard Huntington, *Celebrations of Death: The Anthropology of Mortuary Ritual*, Cambridge: Cambridge University Press, 1991.(池上良正・池上富美子訳『死の儀礼――葬送習俗の人類学的研究』未来社、一九九六年)
Mauss, Marcel, "Essai sur le don: Forme et raison de l'échange dans les sociétés archaïques", *Année sociologique*, N.S., tome1, 30-186, 1923-4.(森山工訳「贈与論――アルカイックな社会における交換の形態と理由」『贈与論 他二篇』岩波書店、五一―四六六、二〇一四年)
Morin, Edgar, *L'homme et la mort*, Paris: Seuil, [1951] 1970.(古田幸男訳『人間と死』法政大学出版局、一九七三年)
森謙二「葬送の個人化のゆくえ――日本型家族の解体と葬送」『家族社会学研究』二二(一):三〇―四二、二〇一〇年
柳田国男『先祖の話』ＫＡＤＯＫＡＷＡ、[一九四六]二〇一三年
柳田国男『新版 遠野物語 付・遠野物語拾遺』角川書店、[一九五五]二〇〇四年
山折哲雄『死の民俗学――日本人の死生観と葬送儀礼』岩波書店、二〇〇二年
山田慎也『現代日本の死と葬儀――葬祭業の展開と死生観の変容』東京大学出版会、二〇〇七年
山本聡美・西山美香編『九相図資料集成――死体の美術と文学』岩田書院、二〇〇九年
結城康博「葬儀業者・検視医・僧侶・遺品整理業者――予防と事後の取り組み」中沢卓実・結城康博編『孤独死を防ぐ――支援の実際と政策の動向』ミネルヴァ書房、二六―四一、二〇一二年
湯沢英彦『クリスチャン・ボルタンスキー――死者のモニュメント 増補新版』水声社、二〇一九年
ゆるりまい『わたしのウチには、なんにもない。――「物を捨てたい病」を発症し、今現在に至ります』エンターブレイン、二〇一三年
吉田太一『遺品整理屋は見た!』扶桑社、二〇〇六年

吉田太一『遺品整理屋は見た!!――天国へのお引越しのお手伝い』幻冬舎、二〇一一年

La Rochefoucauld, François de, *Maximes*, édition de Jacques Truchet, Paris: Classiques Garnier, Bordas, 1992.（武藤剛史訳『箴言集』講談社、二〇一九年）

Lippmann, Walter, *Public Opinion*, New York: The Macmillan Company, [1922] 1954.（掛川トミ子訳『世論 上・下』岩波書店、一九八七年）

Luhmann, Niklas, *Die Gesellschaft der Gesellschaft*, Frankfurt am Main: Suhrkamp, 1997.（馬場靖雄・赤堀三郎・菅原謙・高橋徹訳『社会の社会 2』法政大学出版局、二〇〇九年）

Lukács, György, *Geschichte und Klassenbewußtsein: Studien über Marxistische Dialektik*, Berlin: Malik-Verlag, 1923.（城塚登・古田光訳『歴史と階級意識――マルクス主義弁証法の研究』白水社、一九九一年）

Lévi-Strauss, Claude, *La pensée sauvage*, Paris: Librairie Plon, 1962.（大橋保夫訳『野生の思考』みすず書房、一九七六年）

Locke, John, *Two Treatises of Government*, London, 1690.（鵜飼信成訳『市民政府論』岩波書店、一九六八年）

あとがき

本書は、二〇二三年二月に関西学院大学大学院社会学研究科から博士（社会学）の学位を授与された論文「近代社会の死の意味の変容に関する社会学的研究――遺品整理業の登場を事例に」を大幅に加筆修正したものである。本書の各章の土台となった既出の論文は次のとおりである。

第二章「死のゲマインシャフト化／ゲゼルシャフト化――遺品整理業の作業事例にみる死の社会的処理の類型」『ソシオロジ』六六（三）：四一―五八、二〇二二年

第三章「高度資本主義社会における死の変容」荻野昌弘・足立重和・山泰幸編『破壊の社会学――社会の再生のために』関西学院大学出版会、二〇二五年（刊行予定）

第四章「遺品整理業のエスノグラフィー（1）――宝塚市と西宮市の事例から」『関西学院大学社会学部紀要』一二九：五一―六一、二〇一八年

「遺品整理業のエスノグラフィー（2）――孤独死の現場とリユース事業にみる遺品の類型」『関西学院大学社会学部紀要』一三〇：八九―九九、二〇一九年

「遺品整理業に関する社会学的考察――死と死別に関する新たな専門業種の登場から」『先端社会研究所紀要』一六：九三―一〇一、二〇一九年

まず、調査を受け入れていただいたご遺族の方々、そしてキーパーズ有限会社、一般財団法人遺品整理士認定協会、遺品整理に関するＮＰＯ法人Ａ、遺品整理業Ｂ、遺品整理業Ｃ、調査を通してお会いした方々の多大なるご支援とご協力に、感謝の意を表したい。

また、関西学院大学で学部から大学院にわたり指導を受けた荻野昌弘教授には、教室や研究室だけでなく、時にご自宅近くのカフェやマンションのエントランスで切羽詰まった私の研究のために時間を割いていただいた。これまで幾度となくご迷惑をおかけしたが、最後まで手厚くご指導いただいたことに、この場を借りて心から謝意を表したい。また、研究計画や調査の実施について些細な部分までサポートしていただいた副指導教員の今井信雄教授、修士・博士論文の審査に加わっていただき、調査内容から構成まで丹念にコメントしていただいた島村恭則教授、そして、博士論文の審査から加わっていただき、審査以降も、研究活動の場を広げるために助言やご協力をいただいている専修大学の嶋根克己教授にも、感謝の意を表したい。

本書の内容に関連する調査については、関西学院大学先端社会研究所より支援を受けた（「死と死別に関する新しい文化としての『遺品整理』と専門業種に関する社会学的研究」二〇一七年度先端社会研究所リサーチコンペ）。また、出版に際しては、独立行政法人日本学術振興会より令和六（二〇二四）年度科学研究費助成事業（科学研究費補助金）（研究成果公開促進費）「学術図書」（課題番号：24HP5122）の助成をいただいた。

最後に、院生のころからお世話になっており、本書の企画の相談に乗っていただいた関西学院大学出版会の田中直哉氏、実際の企画を担当し、編集、制作をしていただいた戸坂美果氏、松下道子氏に、心から謝意を表したい。

二〇二四年九月

筆者

た

か

さ

事項索引

あ

索引

人名索引

著者略歴

藤井 亮佑（ふじい・りょうすけ）

1993年　滋賀県出身
関西学院大学大学院社会学研究科博士課程後期課程単位取得満期退学　社会学博士
現職　関西学院大学・大阪産業大学非常勤講師ほか
　　　関西学院大学大学院社会学研究科研究科研究員
主要論文
「死のゲマインシャフト化／ゲゼルシャフト化── 遺品整理業の作業事例にみる死の社会的処理の類型」『ソシオロジ』66（3）：41-58、2022年

死が消滅する社会
遺品整理業をめぐる死とモノの社会学

2025年2月20日 初版第一刷発行

著　者　　藤井 亮佑

発行者　　田村 和彦
発行所　　関西学院大学出版会
所在地　　〒662-0891
　　　　　兵庫県西宮市上ケ原一番町1-155
電　話　　0798-53-7002

印　刷　　協和印刷株式会社

Printed in Japan by Kwansei Gakuin University Press
ISBN 978-4-86283-385-3